⸶EDICATORIA

A Cornelita, la inolvidable, la madre ideal que Dios eligió para entregarme su amor incondicional.

La que me enseñó con su vida la mejor educación sexual posible.

Siempre estarás presente en mi vida.

PURO
sexo
PURO

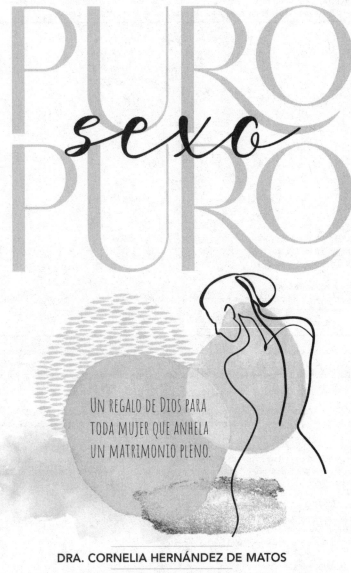

Un regalo de Dios para
toda mujer que anhela
un matrimonio pleno.

DRA. CORNELIA HERNÁNDEZ DE MATOS

MÉDICO, TERAPEUTA SEXUAL, FAMILIAR Y DE PAREJAS.

Vida

La misión de Editorial Vida es ser la compañía líder en satisfacer las necesidades de las personas con recursos cuyo contenido glorifique al Señor Jesucristo y promueva principios bíblicos.

PURO SEXO PURO
Publicado por Editorial Vida, 2022
Nashville, Tennessee

Edición de contenido: *José Mendoza*
Edición: *Marta Liana García*
Diseño interior: *Deditorial*
Diseño de cubierta e ilustraciones en el interior: *Aneudys González*

ISBN: 978-0-82977-070-4
E-Book: 978-0-82977-075-9
Audio: 978-0-82977-226-5
Número de control de la Biblioteca del Congreso: 2022935200

CATEGORÍA: Religión / Vida Cristiana / Amor y matrimonio

IMPRESO EN ESTADOS UNIDOS DE AMÉRICA
PRINTED IN THE UNITED STATES OF AMERICA

22 23 24 25 26 LSC 9 8 7 6 5 4 3 2 1

AGRADECIMIENTOS

Cuando veo esta obra terminada, muchas cosas cobran sentido en mi vida. Reflexiono en cómo Dios orquestó mi vida preparándome para poder entregar a otros lo aprendido. Las maneras en que Dios guio mi preparación académica y las experiencias de mi vida personal, incluyendo mi trabajo como terapeuta y en el salón de consejería, son la mejor evidencia de su maravillosa soberanía en mi vida. Agradezco profundamente a Dios haberme ayudado a llegar hasta aquí.

A mi esposo, Ezequiel Matos, mi amante y mejor amigo. Gracias por apoyarme en este proceso de escribir un libro, algo novedoso y retador para mí. Siempre estás a mi lado para animarme a continuar adelante.

A Loly y Francis Montás, mi hermana y mi cuñado, ustedes siempre han sido de estímulo en cada proyecto de mi vida, por supuesto, incluyendo esta obra. Gracias por su presencia en mi vida.

A Vanesa Rodriguez, quien me ayudó en la elaboración y evaluación de la encuesta que aplicamos a más de mil mujeres en Latinoamérica. El resultado que arrojó esta encuesta fue de mucha utilidad para entender la necesidad y la urgencia de escribir este libro, además de ayudarme a definir mejor el contenido del mismo.

A Pepe Mendoza, mi pastor, mi editor. Gracias por tu ayuda, no imagino este obra sin tu asistencia.

A Georgina Reinoso, gracias por haber iniciado esta llama, por insistir hasta convencerme de que este libro debía ser escrito para bendecir a las mujeres de Hispanoamérica. Que Dios te bendiga con más inquietudes para su reino.

A tantos amigos y hermanos en Cristo que están pendientes de mi trabajo y buscan maneras para apoyarme, gente muy valiosa que Dios ha colocado a mi lado para bendecirme. Sigamos caminando juntos a la eternidad.

CONTENIDO

Prólogo   xiii

Introducción   xvii

CAPÍTULO 1: COSMOVISIÓN BÍBLICA DE LA
            SEXUALIDAD FEMENINA   1

¿Por qué es importante el sexo? ¿le importa a Dios?   3

Definamos la sexualidad   4

    Complementariedad   7

    Sinergia   8

    Conexión   9

    Procreación   11

    Estructura familiar con roles específicos   12

    Disfrute sexual   14

CAPÍTULO 2: EDUCACIÓN SEXUAL PREMATRIMONIAL   19

Sexo para novias   21

Regalo de bodas   22

Anatomía y fisiología de la respuesta sexual humana   27

Etapas de la respuesta sexual   30

    Deseo   30

    Excitación   31

    Meseta   32

Orgasmo 33

Resolución 35

¿Qué esperar de la primera experiencia sexual? 36

Mitos y tabúes alrededor de las relaciones sexuales 39

Mito 1: «¡La primera vez duele muchísimo!». 40

Mito 2: «Debo sangrar en mi primer encuentro sexual». 44

Mito 3: «¿Necesito experiencia previa?». 44

CAPÍTULO 3: RESPUESTA SEXUAL FEMENINA 47

Expectativas vs. realidad 49

Rol de la mujer en la dinámica sexual 51

Elementos que pueden bloquear o disminuir la respuesta
sexual femenina 54

Conoce tu cuerpo 54

Desarrollo sexual de la mujer 55

Distracciones que bloquean el deseo y el resto de la respuesta sexual 58

Mente distraída 58

Pendiente del placer de tu esposo sin olvidarte del tuyo 60

El factor cansancio 61

Miedo o vergüenza de expresar lo que sientes,
te desagrada o necesitas 65

Niños en la habitación y temor a ser sorprendidos por los hijos 67

Conflictos no resueltos en el matrimonio 68

Razones físicas (orgánicas) 69

Expectativas correctas (realidad) 70

CAPÍTULO 4: LA CONEXIÓN EMOCIONAL Y SU IMPORTANCIA
EN LA DINÁMICA SEXUAL 75

¿Qué hacer si no lo puedo cambiar? 79

¿Cómo mejorar la conexión? 81

Conexión emocional e intimidad sexual 83

El manejo de los conflictos 85

¿Cuál es el verdadero problema? 87

¿Equipo o contrincantes?   92

Causas de la desconexión   95

CAPÍTULO 5: LA COMUNICACIÓN Y SU IMPORTANCIA EN LA
DINÁMICA SEXUAL   103

¿Qué es la comunicación?   107

    Escuchar de forma activa   107

    Hablar de forma coherente, clara y serena   109

    Retroalimentar para una mejor comprensión   110

    Cierre conclusivo   111

    Oración mutua   111

Comunicación y sexualidad   112

    ¿Hablar durante el acto sexual?   114

    Hablemos de sexo con la ropa puesta   115

Resolución de conflictos   118

Romance y seducción en el matrimonio cristiano   119

    Provocar el inicio del acto sexual   122

CAPÍTULO 6: RESPUESTA SEXUAL FEMENINA EN LAS DIFERENTES
ETAPAS DE LA VIDA   125

Etapas de la vida   127

    Recién casados y sin hijos   127

    Embarazo   134

    Lactancia   135

    Matrimonio con niños pequeños   138

    Inicio de la etapa escolar   141

    Menopausia   143

CAPÍTULO 7: LÍMITES BÍBLICOS EN LA DINÁMICA SEXUAL   147

Principios bíblicos sobre la sexualidad   152

    Exclusividad sexual   152

    No fomentar el egoísmo   153

    Uso natural de nuestros cuerpos   155

Prohibiciones bíblicas 157
    Infidelidad/Adulterio 157
    Masturbación 160
    Pornografía 161
    Penetración anal 164
    Objetos sexuales 165
¡Esperanza, en Dios siempre hay esperanza! 167

CAPÍTULO 8: NECESIDADES SEXUALES MASCULINAS . . 169
Necesidades emocionales de los hombres 172
    Respeto 172
    Amistad 175
    Tu hogar, un lugar de refugio 177
Necesidades sexuales de los hombres 184
    Adecuada frecuencia sexual 184
    Sentirse deseados por sus esposas 188
    Espacio seguro para ser vulnerable 189

Conclusión 193

APÉNDICE I: AUTOCUIDADO FEMENINO 197
Alimentación adecuada 199
Ejercicio físico 201
Higiene personal 202
Descanso 203
Socialización 206
Chequeos médicos 206

APÉNDICE II: MUJER ABUSADA 209
Pensando en ti que has sido abusada 209

Notas 213
Acerca de la autora 217

PRÓLOGO

Es difícil encontrar un libro sobre la anatomía y la fisiología de la sexualidad humana con una perspectiva bíblica. Aunque la Biblia no aborda la parte biológica de la actividad sexual, sí nos provee un marco de referencia para construir una visión del mundo y de la vida, a la cual llamamos *cosmovisión bíblica*. A pesar de nuestra limitación, Dios dotó al ser humano de inteligencia, dones, talentos y sabiduría, capacitándolo para la investigación y el aprendizaje. Dicho de otra manera, para el descubrimiento de la sabiduría del Creador desplegada en su creación.

Dios nos dio su revelación y a través de ella nos dejó un entendimiento moral y del diseño de nuestra sexualidad. Si analizamos lo que descubrimos a través de la perspectiva de la Biblia, terminamos con una cosmovisión más completa de la realidad que nos rodea. La pregunta que surge inmediatamente es la siguiente: ¿si un cristiano no se atreve a enseñar estos principios, quién lo hará? Y, en especial, ¿quién educará al pueblo de Dios en estos temas de manera que podamos tener una sexualidad humana para la gloria de Dios? Tristemente, a lo largo de los años, hemos permitido que los maestros seculares llenen las mentes de los ciudadanos y, peor aún, de los cristianos, que terminan aprendiendo lo que es una relación sexual, lo permitido y lo prohibido, de parte de voces de hombres y mujeres que poseen una cosmovisión secular. Las consecuencias de esta realidad han sido cosechadas por años. Si hacemos una encuesta en la sociedad acerca de esto, encontraremos que la enorme mayoría ha recibido su educación sexual de personas que no tienen una formación bíblica, y peor aún en nuestros días, ya que dicha educación usualmente proviene de páginas inmorales y hasta pornográficas, libres de costo, a las cuales tiene acceso todo el mundo en la intimidad de su habitación o de su lugar preferido. Preguntémonos entonces ¿quién va a definir la sexualidad humana? ¿Quién va a educar a los novios antes de llegar a la primera noche de su luna de miel? ¿Quién va a educar a los que ya tienen años de casados, pero que nunca recibieron una formación bíblica sobre cómo desarrollar la intimidad en el matrimonio? Durante años, estos han sido temas tabúes que pueden intimidar a una gran cantidad de personas; como consecuencia hemos dejado a muchos en la ignorancia o en la mala formación acerca de cosas y de actividades creadas por Dios con la intención de fomentar la intimidad de la pareja y la procreación.

Cuando una pareja tiene dificultad en el desenvolvimiento de su actividad sexual o en el desarrollo de la intimidad, alguien tiene que venir en su ayuda y proveer consejos desde una perspectiva bíblica para que esa pareja pueda disfrutar de algo que el Creador mismo diseñó para el ser humano. Idealmente, ese consejero, líder o pastor debe ser del pueblo de Dios, de manera que los hijos de Dios puedan cultivar la piedad, aun en estas áreas sobre las cuales la mayoría no se atreve a hablar.

Por otro lado, muchos de los hombres no entienden que la intimidad sexual forma parte de una sombrilla mayor que llamamos comunicación y, por consiguiente, si una pareja tiene problemas en la comunicación y el entendimiento en el diario vivir, con toda probabilidad experimentará dificultades similares o incluso mayores a la hora de la intimidad. El hombre tiende a llevar a cabo su función sexual de una manera mucho más biológica y la mujer tiende a vivir su vida de una forma más funcional y relacional, aun cuando hay elementos biológicos importantes involucrados en su desenvolvimiento. Por consiguiente, es importante que la pareja pueda entender el lenguaje de cada uno y a la vez crecer en el entendimiento del lenguaje del otro. Si bien es cierto que la Palabra de Dios nos dice cómo hablar piadosamente, no es menos cierto que no ofrece el entendimiento biológico de cómo esto se manifiesta a la hora de la intimidad sexual. Sin embargo, la mayoría de las personas no están capacitadas en esta área; por tanto es necesario que alguien con experiencia pueda orientar a la pareja y, mejor aún, que esa orientación se pueda realizar con acompañamiento pastoral, si no es el mismo pastor el que está llevando a cabo la educación. Dentro de nuestras iglesias necesitamos identificar a personas con una mente bíblica y con madurez emocional que puedan ayudar a hombres y mujeres a crecer y desarrollarse en todas las áreas, incluyendo la sexualidad humana, entendiendo y guardando los principios bíblicos.

El libro que tienes en las manos ha sido escrito para responder a muchas de estas inquietudes y otras que no están directamente relacionadas con la actividad sexual, pero sí estrechamente vinculadas. Cornelia Hernández es doctora en medicina, capacitada como consejera, y con una especialidad en sexualidad humana y terapia familiar. Además, cuenta con muchos años en la fe cristiana, un sólido entendimiento teológico y una vasta experiencia en consejería, la cual ha llevado a cabo como profesional y como consejera dentro del cuerpo de Cristo, donde muchas veces ha servido junto a su esposo.

Como médico ginecólogo-obstetra es de gran satisfacción tener en mis manos un libro como este. Durante los años de profesión me ha tocado acompañar a la mujer en todas las etapas de la vida descritas en estas páginas y he podido palpar en primera línea todo lo expresado aquí. Disponer de un libro en el cual podamos encontrar información científica, pura, bien intencionada, con una base bíblica y teológica correcta, y que a la vez sea útil, digerible, con el potencial de cambiar el rumbo de la vida de cualquier mujer, su matrimonio y el funcionamiento de su familia (hogar), definitivamente tiene un valor incalculable. Es sorprendente cómo, de manera sutil, estas verdades pueden quedar escondidas bajo una alfombra y no discutirse en la pareja o ante un profesional, porque ni siquiera se piensa como una posibilidad.

Este libro definitivamente nos ayuda a ver situaciones que pudieran estar formando nuestra sexualidad de manera inadecuada y no tengamos idea de que estén presentes o ausentes. Es por tanto un gran privilegio recomendarlo a cristianos y no cristianos, entendiendo que ambos pueden beneficiarse de una lectura madura, equilibrada y sana de un tema tan delicado como la sexualidad humana y específicamente la de la mujer. Al igual que yo, estoy seguro de que quedarás gratamente satisfecho de haber aprendido algo o mucho en esta área de una manera que puedas honrar a tu pareja y glorificar al Creador.

Juan B. Fuertes Piantini
Médico
Ginecólogo-Obstetra.

INTRODUCCIÓN

«Dios vio todo lo que había hecho; y *era* bueno en gran manera».

(Génesis 1:31a)

PURO SEXO PURO

A Dios le importa nuestra sexualidad; Él desea que la vivamos plenamente y la disfrutemos de manera pura. Si a Dios le importa, nosotras deberíamos darle la misma importancia. Estoy convencida de que una mujer casada glorifica mejor a Dios cuando disfruta de la intimidad con su esposo. Creo firmemente que los matrimonios cristianos deberían ser los que más celebren el disfrute del placer sexual. Cuanto más conocemos a Dios y tenemos un mejor entendimiento de su diseño para el matrimonio, más adquirimos una mejor consciencia del valor que tiene nuestra sexualidad para nuestro Creador.

La educación sexual en mi casa era algo que se trataba de forma natural y fue toda una bendición para mi vida. Crecí en un hogar donde el tema de la sexualidad no era un tabú, sino que se consideraba como algo natural, cotidiano y muy sano. En casa no era vergonzoso hablar del tema, pero tampoco se manejaba sin decoro; se fomentaba el respeto, la privacidad y la pureza del diseño de Dios en nuestros cuerpos. Aprendimos a celebrar su belleza y teníamos la esperanza de disfrutar una intimidad llena de amor y pureza al casarnos en el futuro. Doy gracias a Dios por mi madre, que nos enseñó educación sexual a mis hermanos y a mí mientras crecíamos. Nos preparó de antemano y de forma gradual para cada etapa que viviríamos. Ahora puedo decir que, en cierto modo, nada nos tomó por sorpresa. Aprendimos de mami lo bello y puro de la sexualidad cuando nos la explicaba de forma clara y sencilla; además, la modeló con su vida.

La transparencia y educación del hogar sobre este tema hace que me resulte natural hablar del mismo. Unos años atrás me sorprendían las reacciones de las mujeres cuando yo mencionaba algo con respecto a la sexualidad. Todavía me llama la atención el silencio en muchas iglesias alrededor de este tema tan importante. No me refiero a que debe ser tratado durante el sermón del domingo, sino que los creyentes tengan acceso a una información sana sobre los diferentes aspectos de la sexualidad, tanto para casados como para solteros. En nuestra cultura latina hay mucha desinformación e ignorancia con respecto al tema. La iglesia está conformada por personas que vienen de esa cultura con ideas distorsionadas, que sienten vergüenza y temor al escuchar acerca del placer sexual o cualquier otro aspecto de la sexualidad. Por el contrario, la Palabra de Dios nos enseña que la sexualidad humana es parte del diseño de Dios, el cual es hermoso, santo y puro.

La educación es un proceso que se va brindando no solo de manera consciente, sino también inconsciente. La educación sexual no es la excepción. Esta se entrega a través de la manera en que los esposos se comunican, la forma en que se tratan delante de sus hijos en casa y fuera de ella. Los comentarios que haces sobre tu esposo frente a otros, incluyendo a tus hijos, también inciden en su entendimiento de la sexualidad. No es saludable la manera en que algunas mujeres de la iglesia reaccionan ante el tema, ya sea con temor, evasivas o haciendo juicios negativos. La educación sexual saludable debe formar parte de las responsabilidades de las familias cristianas. Las iglesias conformadas por estas familias deben convertirse en el espacio donde se aprenda a celebrar, y no ocultar, el diseño divino de la sexualidad.

Carga mi corazón saber que una mujer, comprometida para toda la vida en matrimonio con un hombre que ama, no disfrute del placer sexual que Dios le entregó al casarlos. Toda mujer anhela disfrutar de un matrimonio saludable, aunque muchas veces el tema de la sexualidad pareciera que no forma parte de ese anhelo o que se ubica en una categoría distinta.

Es común que el tema de la intimidad les genere ansiedad y preocupación a las jóvenes que están a semanas o meses de sus bodas. Cuando converso con ellas acerca del mismo suele suceder que, de repente, desaparece toda la emoción que sienten al contarme los detalles de la boda y las bendiciones que han recibido para su futuro hogar. Esa felicidad y una enorme sonrisa son sustituidas por una cara que refleja temor y angustia. En mi práctica como terapeuta sexual, he recibido a muchas mujeres que han sufrido disfunciones sexuales en silencio por años. Mujeres que no han recibido la ayuda oportuna para sus padecimientos. Tienen miedo de preguntar y son mal juzgadas cuando lo hacen; reciben críticas y sarcasmos de parte de amistades, hermanas o líderes de sus iglesias, las que posiblemente no tienen la información correcta y, además, puede que tengan sus propias heridas no sanadas en su sexualidad.

El propósito de *PURO sexo PURO* es proporcionar la información adecuada que incluya la explicación de los conceptos básicos, de manera sencilla, sobre la sexualidad femenina para las casadas. Mi deseo es que cualquier mujer, al leer este libro, pueda encontrar respuestas a las interrogantes sobre su propia sexualidad y que esas sean de beneficio para la intimidad sexual en su matrimonio.

No fue mi intención escribir un libro de texto exhaustivo sobre sexualidad femenina, aunque tiene un buen contenido desde el punto de vista científico y bíblico. Más bien se trata de una obra que pretende ayudar a la mujer a conocer mejor el diseño divino del placer sexual dentro del matrimonio. No pretendo afirmar que este tema es el más importante de la vida matrimonial, de hecho, a lo largo del texto podrás descubrir como otros temas se interconectan y dan estructura, sostén y continuidad al vínculo marital. Sin embargo, me parece relevante y básico para el buen funcionamiento del matrimonio.

En el primer capítulo revisaremos la cosmovisión bíblica de la sexualidad. El segundo es uno de mis favoritos; aquí presento los puntos principales de un curso de sexualidad prematrimonial, apto para toda novia que desea tener la información necesaria antes de casarse. Encontrarás respuesta a muchas preguntas sin pasar los límites de pureza que deben guardarse para evitar arruinar la experiencia íntima con tu esposo una vez que se casen. Una mujer casada también puede beneficiarse de este capítulo porque puede ayudarla a entender mucho mejor el funcionamiento de su cuerpo y el de su esposo durante el acto sexual. ¡No lo pases por alto si estás casada! Por otro lado, a las novias quiero sugerirles que solo lean hasta el capítulo dos antes de casarse. Pueden leer los siguientes después de la luna de miel. Las primeras experiencias sexuales son muy personales y únicas para cada mujer. Te animo a vivirlas sin estar atenta a demasiadas teorías sobre el tema que podrían predisponerte. Tienes que ir paso a paso. Lee los dos primeros capítulos y luego sigue disfrutando los preparativos para tu boda y tu nuevo hogar.

A partir del tercer capítulo, las cosas se tornan un poco más prácticas. Ahí procuro responder preguntas como: ¿qué puedo esperar de mi respuesta sexual? ¿Cuál es mi rol? ¿Cuáles son los obstáculos que bloquean mi respuesta? Los capítulos cuatro y cinco van de la mano. En el cuatro trataremos el tema de la conexión emocional de la pareja y en el cinco hablaremos de la comunicación. Veremos cómo ambos elementos influyen en la dinámica sexual de la pareja. Es importante reconocer que no vamos a la intimidad solo con el cuerpo físico, sino que somos seres integrales por diseño de Dios, y el placer sexual es el resultado de múltiples vivencias dentro de la relación matrimonial.

En el sexto capítulo volvemos a vernos como mujeres que van madurando de forma emocional y física. Las etapas que pasamos a medida que la vida transcurre afectan nuestros cuerpos y, por ende, nuestra sexualidad. Veremos el efecto de esas etapas en nuestra sexualidad. Estas van desde el embarazo, la lactancia, la maternidad hasta llegar a la menopausia.

La hermosa sexualidad diseñada por Dios tiene límites que aseguran su pureza para poder ser un reflejo de Él. En el capítulo siete hablaré sobre las prohibiciones bíblicas con respecto a la sexualidad. Escribí el capítulo ocho porque creí necesario hablar de la dinámica sexual en el matrimonio sin excluir las necesidades masculinas. No hay duda de que tu esposo es parte vital para lograr un disfrute completo. Por eso espero que este capítulo te ayude a entender mejor sus necesidades y puedan tener una intimidad aún mayor.

Al final he agregado un par de apéndices. El primero tiene que ver con el autocuidado femenino, un aspecto que muchas mujeres descuidan con frecuencia. El segundo apéndice es un tema delicado porque me enfoco en aquellas que han sufrido abuso sexual. Pretendo mostrar mi solidaridad y aportar un grano de arena a la sanación de esas heridas. Sin duda, la experiencia de abuso puede afectar mucho la manera en que ellas viven su sexualidad.

Mi corazón se llena de gozo al imaginar a mujeres que ni siquiera conozco con este libro en sus manos. Es mi oración que Dios lo use para bendecir la vida matrimonial de muchas de ellas junto a sus esposos.

Dra. Cornelia Hernández
Santo Domingo, 2021

CAPÍTULO 1

COSMOVISIÓN BÍBLICA DE LA SEXUALIDAD FEMENINA

¿POR QUÉ ES IMPORTANTE EL SEXO? ¿LE IMPORTA A DIOS?

«Dios creó al hombre a imagen Suya, a imagen de Dios lo creó; varón y hembra los creó».

(Génesis 1:27)

Los cristianos solemos decir que «Dios tiene un propósito en todo lo que hace» cuando queremos mostrar que tenemos fe en los planes de Dios, a pesar de las circunstancias que podamos estar atravesando. «Dios tiene un propósito en todo», son palabras que repetimos con frecuencia aun cuando no entendemos completamente lo que está pasando a nuestro alrededor, pero nos animamos a depositar nuestra fe en su sabiduría, amor y bondad. Creo que no solo deberíamos aplicarlo a situaciones dramáticas, sino también a circunstancias más evidentes y cotidianas porque tengo la convicción de que Dios está interesado en cada detalle de su plan para mi vida.

Sigue pensando en lo anterior y procura responder esta pregunta: ¿has pensado alguna vez que ser mujer es una expresión del propósito de Dios para ti? No es un accidente que seas mujer, ese y cada detalle de tu vida fue planificado de antemano por nuestro Padre bueno y eso incluye tu sexualidad.

Cuando leemos «... varón y hembra los creó...» entendemos que Dios creó seres humanos sexuados con el propósito de reflejar su imagen en la creación. Él planificó que algo de su naturaleza se mostrara a través de la sexualidad humana. El ser humano se expresa en la naturaleza a partir del sexo que Dios planificó de antemano para cada persona y lo hizo con la certeza de que esa decisión llenaría sus propósitos. La Palabra nos enseña que Dios ve el final de la historia antes de que se inicie. Isaías lo presenta de la siguiente manera: «Porque Yo soy Dios, y no hay otro; *Yo soy* Dios, y no hay ninguno como Yo, Que declaro el fin desde el principio, Y desde la antigüedad lo que no ha sido hecho. Yo digo: "Mi propósito será establecido, Y todo lo que quiero realizaré"» (Isaías 46:9-10).

Definitivamente, no hay nada casual en el hecho de que seas mujer, al igual que en todo lo que Dios ha determinado para tu vida. Por lo tanto, tu sexualidad es un aspecto importante de tu constitución como ser humano creada a imagen y semejanza de Dios.

DEFINAMOS LA SEXUALIDAD

La sexualidad es entendida como el conjunto de las condiciones anatómicas, fisiológicas y psicológicas que caracterizan a cada sexo. Se manifiesta a través de muchas dimensiones, como los pensamientos, fantasías, deseos, creencias, actitudes, valores, conductas, prácticas y relaciones interpersonales.[1] Todas estas dimensiones implican que se trata de un aspecto determinado de forma múltiple por la interacción de factores biológicos, psicológicos, socioeconómicos y políticos.[2] Por lo tanto, el término sexualidad no se refiere solo a las relaciones sexuales propiamente dichas, sino a la manera en que piensas, percibes lo que ocurre en tu entorno y vives a partir del sexo con el que Dios te diseñó.

A Dios le importa tu sexualidad porque a través de ella puedes descifrar buena parte de su propósito para tu vida. Es bastante evidente que como mujer habrá cosas que te corresponderán hacer o no de acuerdo a las prioridades de Dios para ti. El sexo es el aspecto de la realidad humana que identificará los roles que corresponden a cada uno en interacción con el otro. Tu sexo es parte importante de tu identidad, le dará forma a tu existencia y te acompañará hasta que salgas de esta tierra. No lo eliges, no lo establecen tus padres, los doctores ni la cultura en general, Dios lo hace. De hecho, lo hizo de antemano y sin equivocarse. Él sabe que el sexo que tenemos modifica la forma en que vemos y respondemos a la vida. El Señor, en su inmensa sabiduría, tomó eso en cuenta para crearte mujer, así como el que nacieras en el momento, el lugar y en las condiciones en que ocurrió ese nacimiento. No hay nada improvisado. Todo se ajusta a un plan.

El sexo determina el comportamiento, la estructura física y hasta la del cerebro. Por supuesto, todo esto influye por completo en la forma de pensar y ver la vida. Por eso quisiera insistir en afirmar que cuando pensamos en «sexualidad» no debemos referirnos solo a relaciones sexuales. Dios pensó algo mucho más amplio que las relaciones sexuales al crearnos sexuados, aunque las incluye. Veamos algunas funciones de nuestra sexualidad:

Determina la diferencia de identidad. La mujer y el hombre tienen **habilidades diferentes**, lo cual es útil para el servicio a la sociedad.

Determina las diferencias físicas. Es evidente que los cuerpos y las capacidades de los hombres y las mujeres son diferentes. Los varones tienen una contextura física con mayor musculatura, mientras que las mujeres tenemos más habilidades relacionales y una inclinación al cuidado de los demás.

Determina la diferencia en la estructura cerebral. Nuestros cerebros tienen estructuras diferentes, lo cual nos hace percibir la realidad y responder a ella en formas distintas. En el libro *Revolución sexual*, los doctores Núñez y Scheraldi abordan este punto de manera extensa al explicar cómo el cerebro humano es diferente en dependencia del sexo, determinando así las habilidades necesarias para las funciones que cada persona debe realizar en la vida. Ellos dicen:

> «Desde el estado fetal, el cerebro de los hombres y el de las mujeres se desarrollan en formas diferentes. Los circuitos cerebrales son distintos; las hormonas, aunque iguales, se presentan en distintos niveles y los patrones de secreción varían según el género [...] Es claro, entonces, que las hormonas femeninas preparan a las hembras para las conexiones y las relaciones interpersonales (Salmos 144:12), mientras que las masculinas capacitan a los varones en el área del comportamiento agresivo y territorial para cuando necesiten proteger y ejercer dominio sobre su territorio».[3]

Estas diferencias nos permiten servir en medio de la comunidad donde Dios nos ha colocado. Eso explica la necesidad de socializar que tenemos las mujeres, tener amigas, hablar de lo que nos ocurre, servir a otros, ayudar a conectar a las personas a nuestro alrededor. Estas habilidades, empleadas de forma sabia, son valiosas para la relación matrimonial. Por otro lado, los hombres, aunque menos comunicativos, sienten necesidad de relacionarse y tener una conexión profunda y significativa con su esposa. Por lo tanto, para tu esposo es importante y de mucho valor que puedas ayudarlo a comunicarse y conectarse contigo. Sabemos que no siempre es una tarea fácil, requiere de mucha paciencia y empatía de ambas partes pero, la mujer, debido a su naturaleza establecida por Dios, tiene un impulso más intenso de suplir esa necesidad, lo cual facilita que se logre la conexión emocional profunda que genera las bases para un matrimonio maduro y gratificante.

En conclusión, cuando Dios nos diseñó diferentes lo hizo para que pudiéramos cumplir sus propósitos en esta vida. El Señor no nos deja solos, sino que nos capacita, dándonos herramientas para vivir de manera satisfactoria y plena.

¿Qué beneficios aporta el que seamos diferentes? Existen distintos factores importantes a considerar para entender de forma correcta nuestras diferencias.

Complementariedad

Hombre, líder; mujer, ayuda idónea.

> Entonces el Señor Dios dijo: «No es bueno que el hombre esté solo; le haré una ayuda adecuada». *(Génesis 2:18)*

> Porque el marido es cabeza de la mujer, así como Cristo es cabeza de la iglesia... *(Efesios 5:23)*

El Señor puso de sus características en nosotras al ser hechas a imagen de Dios. El vocablo original de la palabra *ayuda* que se utiliza en el texto de Génesis es *«ezer»*, que significa «ayuda» o «ayudador», y es utilizado en relación con Dios en la mayoría de los casos. El que seamos consideradas como «ayuda» no nos hace inferiores a los hombres, como algunos propugnan hoy en día, sino que nos coloca a su lado, ayudando, siendo un equipo, complementando de una manera que solo una mujer idónea y adecuada puede realizar.

Dios definió los roles de cada sexo para llevar a cabo sus propósitos. Hombre y mujer, iguales en dignidad, diferentes en roles para complementarse uno al otro. Esto se evidencia de manera especial en el matrimonio. Nuestros esposos necesitan nuestro aporte y nosotras necesitamos ayudar; vemos las necesidades naturalmente, por lo que ideamos formas de intervenir y servir a otros. No se trata de competir por demostrar quién es mejor, más bien es la hermosa posibilidad de hacer un **equipo**, ser complemento el uno del otro, mientras disfrutamos las diferencias y aprendemos a celebrarlas. En el matrimonio trabajamos juntos, como una sola carne, para la gloria de Dios.

Sinergia

Un hombre y una mujer por separado no producen el mismo resultado que trabajando juntos. No tengo nada en contra de la soltería, de hecho, veo muchos beneficios en ella. Sin embargo, al observar la dinámica matrimonial equilibrada por las diferencias de cada uno, encuentro una especie de sinergia positiva interesante.

La sinergia no es más que un fenómeno a través del cual actúan juntos varios factores o influencias, observándose así un efecto conjunto adicional del que hubiera podido esperarse operando de forma independiente.[4] La sexualidad nos hace diferentes y Dios, al unirnos en el matrimonio, crea una nueva entidad, una sola carne, cuyo resultado es que cada miembro del binomio crece y madura en todos los sentidos a la vez que echa las bases para la estructura familiar, algo que sería imposible por separado (Proverbios 27:17).

Es como si la unión matrimonial potenciara nuestras habilidades; nos enriquecemos con la vida de nuestro cónyuge y viceversa. No vemos la vida igual una vez que estamos casados, ni siquiera nos vemos a nosotras mismas igual. Dios nos une en un matrimonio para toda la vida con el fin de hacer de los cónyuges unas personas más santas que construyan una familia que lo refleje a Él.

No quisiera que me malentiendan. No estoy diciendo que una mujer casada es mejor que una soltera. Tengo la firme convicción de que el propósito de Dios para cada mujer en el estado en que se encuentre es perfecto. Una mujer casada ve la vida y sus prioridades diferentes, valora las opiniones de su esposo, y obtiene una perspectiva más completa de las situaciones y de la vida en general. Esos beneficios se logran como resultado de la complementariedad de la pareja y, al mismo tiempo, dan fruto en el matrimonio de manera espontánea.

Es evidente que lo anterior no se conseguirá mágicamente solo por estar casados (algo que muchas piensan). Por el contrario, gozar de la sinergia de la complementariedad requiere un trabajo consciente e intencional de cada uno frente a Dios. Somos dos personas que al unirnos en una sola carne podemos generar el milagro, el misterio o la paradoja de reflejar a Dios de maneras que sería imposible lograr por separado.

Conexión

Estamos hablando del vínculo permanente por el que somos una sola carne. La relación sexual entre esposos crea un nexo que trasciende lo físico, puesto que involucra la intimidad física, emocional y espiritual de dos personas que se hacen una. La anatomía y el funcionamiento de los órganos sexuales permiten una conexión física natural, perfecta y placentera entre los esposos. Esa experiencia genera y fortalece el vínculo marital que la Biblia explica de la siguiente manera: «Por tanto el hombre dejará a su padre y a su madre y se unirá a su mujer, y serán una sola carne. Ambos estaban desnudos, el hombre y su mujer, pero no se avergonzaban» (Génesis 2:24-25).

El tener una anatomía diferente, producto de las características sexuales, permite la conexión física. En el mismo sentido, las diferencias emocionales que hacen que percibamos la vida desde otros puntos de vista nos ayudan a crecer, a entendernos mejor el uno al otro y a nosotras mismas. Un matrimonio bien cultivado facilita que los esposos sean personas más maduras, sanas y, por lo tanto, más seguras. La conexión emocional en el matrimonio sería imposible si no fuéramos así de diferentes pero complementarios, tal como Dios nos creó.

Es cierto que el pecado alteró el diseño original, pero el evangelio, es decir, las buenas noticias de la salvación y redención en Cristo, al recrearnos, nos brinda la oportunidad de sanar mientras abandonamos patrones equivocados que nuestra historia en este mundo dañado nos hizo adoptar. Es mediante una buena conexión emocional que se crean las condiciones de un espacio seguro donde tu esposo y tú pueden ser transparentes, mostrarse sus heridas mutuamente y permitir que Dios los use para ser instrumentos de sanidad en forma recíproca.

El matrimonio es como una metáfora que nos deja ver la unión de Cristo con su iglesia, una unión eterna que fue ideada en la mente de Dios. Mientras nosotras esperamos con certidumbre la celebración de las Bodas del Cordero, la unión matrimonial debe recordarnos cómo lucirá esa unión perfecta en la eternidad.

Procreación

> «Dios los bendijo y les dijo: Sean fecundos y multiplí-
> quense. Llenen la tierra y sométanla...» *(Génesis 1:28)*

Dios dotó a cada sexo con características físicas que permiten la reproducción de la humanidad y así cumplir con ese mandato que entregó desde el principio de la creación. El hombre y la mujer no pueden reproducirse por separado, tampoco es posible a través de uniones del mismo sexo. Dios planificó la necesidad de la interdependencia mutua para poder procrear. El producto de la procreación, los hijos, obtendrán componentes genéticos de ambos padres. ¡Toda una maravilla! Sin la sexualidad, este propósito no podría cumplirse.

El don de la maternidad en la mujer es distintivo, muestra de manera absolutamente clara el detalle particular y específico del diseño de Dios. La mujer tiene características fisiológicas y emocionales inherentes para cuidar a su vástago. Él dotó todo su cuerpo, pasando por el cerebro hasta los órganos genitales internos y externos, para la procreación y la maternidad. Esta configuración particular y única de la mujer le permite no solo traer niños al mundo, sino también cuidarlos física y emocionalmente.

Un ejemplo de las funciones de la maternidad es el apego, que se ha descrito como un vínculo afectivo poderoso establecido desde los primeros momentos de vida del recién nacido con la madre. Esta profunda interacción influye en el desarrollo psicológico y la formación de la personalidad del niño. Los doctores Núñez y Scheraldi citan un estudio que ejemplifica la importancia del rol de la madre en la salud de sus hijos y cómo esto repercute en la edad adulta.

Un estudio realizado en la Universidad de Harvard reveló que el 91% de los hombres que no tenían una relación cercana con sus madres desarrollaron enfermedad coronaria, hipertensión arterial, úlceras gástricas y alcoholismo en la mediana edad, mientras que solo el 45% de los hombres que recordaban el calor humano y la cercanía con su madre padecían de los mismos problemas.[5]

Estructura familiar con roles específicos

Los roles se definen a lo largo de las Escrituras y son la base de la sociedad. El esposo-padre está dotado de características masculinas que facilitan el ejercicio de su responsabilidad como líder/siervo, proveedor y protector. La esposa-madre tiene los dones otorgados por la feminidad: ayudadora, cuidadora y capaz de nutrir.

Muchas mujeres se sienten solas en la tarea de criar a sus hijos, a pesar de tener a su esposo en casa, debido a que ellos no cumplen con su rol en el hogar y son como padres ausentes o periféricos. He conocido hijos que reflejan con su conducta o sus palabras lo lejano o ausente que sienten a sus padres. ¿Te imaginas lo que significaría para los hijos tener una madre periférica y emocionalmente ausente? Creo que el impacto sería muchísimo mayor. En mi práctica profesional lo he visto, aunque no con la misma frecuencia e intensidad que en el caso de la ausencia de los padres.

He escuchado a adolescentes afirmar que el rol de mamá lo cumplió su abuela o su nana. A veces para mitigar el dolor, de forma inconsciente, agregan: «Es que mi mamá trabaja mucho» o «ella siempre está ocupada en sus cosas, compartimos solo en vacaciones». Puedo entender la necesidad de tantas madres que requieren buscar el sustento para sus hijos. La situación económica nos obliga a buscar trabajo para satisfacer necesidades básicas y, en los casos de madres que crían solas, es una situación entendible. Sin embargo, eso no altera el hecho de que el rol de la mujer en casa es vital, no solo para la crianza, sino también para el funcionamiento de la familia entera.

La mujer debe buscar sabiduría de Dios para hacer un uso eficiente del tiempo y la energía con el fin de estar presente y activa al lado de sus hijos. Se ha planteado muchas veces la necesidad de evaluar con profundidad delante del Señor si es del todo necesario que la madre trabaje tantas horas fuera de casa, en lugar de hacer ajustes en el presupuesto y vivir, en la medida de lo posible, solo con los ingresos del padre, sobre todo en las etapas tempranas de la vida de los hijos. El principio es claro: la crianza de los hijos necesita una madre involucrada y un papá presente. Cada miembro de la pareja aporta elementos vitales que garantizan una crianza equilibrada y completa.

El diseño de Dios para la familia que tiene como base el matrimonio provee las condiciones necesarias para la estabilidad, el crecimiento y el desarrollo de todos en casa. Los adultos que se casan inician un camino que facilita la madurez emocional al separarse de sus padres y enfrentar los retos que trae la vida junto a su cónyuge. Si el vínculo marital se fortalece, entonces el rol de la crianza será exitoso. Una mujer que entiende su rol y lo abraza podrá ser ayuda idónea específica para complementar a su esposo y colaborar juntos en la crianza e instrucción de sus hijos.

Por otra parte, cuando pienso en la administración del hogar y todo lo que esto implica vienen a mí las palabras del Señor en Génesis:

«No es bueno que el hombre esté solo» (2:18). Con esto no quiero decir que un hombre no pueda administrar solo una casa, muchos lo hacen y lo hacen bien. Sin embargo, Dios dotó especialmente a la mujer con habilidades que facilitan este proceso. Las mujeres por naturaleza somos más detallistas e intuitivas, tenemos la capacidad de estar pendientes de muchas cosas y, además, cuando estamos involucradas en la organización y arreglo del hogar lo disfrutamos, aunque terminemos exhaustas. ¿No te pasa que al entrar en una casa notas el toque femenino?

El hogar es, para las mujeres, una extensión de ellas mismas. Más de una vez he escuchado a alguien decir: «A esta casa como que le hace falta una mano femenina» y no porque esté sucia o des- arreglada, sino porque las mujeres le damos cierta «terminación» que nuestros esposos disfrutan, aunque no siempre lo verbalicen. Además, la toma de decisiones es más fácil en pareja, por eso es necesario aprender a desarrollar un buen nivel de comunicación. Al tener diferentes percepciones de la vida, resulta muy enriquecedor el aporte de ambos ante cualquier situación que se les presente.

Cuando cada cónyuge modela correctamente su rol frente a su pareja, sus hijos y la sociedad, está cumpliendo con el propósito de Dios y bendice a su familia. Cuando estos roles se invierten, anulan o se dejan inactivos, las consecuencias negativas son evidentes en la relación de pareja y el efecto nocivo en los hijos puede causar daños graves en sus vidas.

Disfrute sexual

Dios pudo haber decidido que nos reprodujéramos sin placer, por instinto o necesidad, pero no lo estableció de esa manera. Cuando diseñó el cuerpo humano incluyó características sexuales diferen- ciadas y complementarias para el hombre y la mujer, dotándolos de órganos sexuales internos y externos, junto con hormonas que se interconectan con otros sistemas del organismo para cumplir las funciones sexuales. El sistema nervioso central y periférico está muy vinculado con la respuesta sexual, facilitando la misma e incluyendo el disfrute que acompaña el intercambio íntimo. Las relaciones sexuales, en toda su extensión, deben ser placenteras porque Dios las diseñó para responder de esa manera. Veamos un pasaje de Proverbios: «Sea bendita tu fuente, y regocíjate con la mujer de tu juventud, amante cierva y graciosa gacela; que sus senos te satisfagan en todo tiempo, su amor te embriague para siempre» (5:18-19).

Las diferencias de cada uno de los miembros de la pareja juegan un rol importante para el disfrute sexual. La manera en que una mujer vive la experiencia sexual es diferente a la de su esposo. Cuando lo expresa, potencia el placer de su cónyuge y viceversa. Es necesario que la mujer disfrute su aporte en la relación a través de su personalidad, sus expresiones, su sensibilidad y con la seguridad que consigue al abrazar el diseño de Dios para ella como mujer, tanto durante como fuera de las relaciones sexuales.

Es evidente que el Señor diseñó nuestros órganos sexuales pensando en el disfrute sexual. Algunas mujeres creen que eso es solo cosa de hombres, ya que ellos hablan más del tema o muestran más inclinación hacia el mismo. Nada más lejos de la realidad. Más adelante, cuando veamos la respuesta sexual humana, podremos revisar cómo hay zonas en nuestros cuerpos cuya única función es el placer sexual. Además, veremos cómo la influencia del placer femenino potencia el del esposo y viceversa, lo que lleva a ambos a un orgasmo más pleno.

El disfrute sexual que se experimenta en la intimidad del matrimonio nos conecta, nos hace cómplices para toda la vida. Es como tener un tesoro escondido que solo nosotros sabemos dónde está y solo nosotros conocemos cómo hacerlo brillar más a medida que pasa el tiempo. El disfrute sexual no es solo físico, sino que vincula nuestras emociones más profundas mediante una experiencia física que involucra a todo nuestro ser.

Todos estos beneficios y características hacen que el disfrute sexual sea solo para el matrimonio. Allí es donde se establecen las condiciones para entregar tanto de nosotras a alguien que está comprometido con esta unión hasta la muerte. Además, el disfrute sexual se cultiva con la práctica en el tiempo, es decir, mejora sustancialmente si los demás elementos de la dinámica de pareja son funcionales. Contra todo lo que se dice de forma errónea en la cultura contemporánea, el matrimonio puede durar toda la vida sin que haya «aburrimiento sexual», sin que sintamos la necesidad de «mirar el pasto ajeno». La unión matrimonial saludable ofrece un espacio de aventura para el resto de nuestras vidas en esta tierra, mientras vivimos el propósito por el cual Dios nos unió con ese único hombre.

No hay duda de que a Dios le importa tu sexualidad porque está incluida en su plan para ti. Él espera que vivas mostrando su gloria desde la feminidad con que te ha dotado para que vivas plenamente. Lo contrario también es cierto, si vives renegando de tu sexualidad sin aceptar el diseño de Dios para ti, estarás insatisfecha y sin propósito.

Dios escribió la historia completa y decidió de antemano el sexo que cada persona recibiría, de manera que cada una de nosotras le glorifiquemos con todo nuestro ser tal como Él quiere. El Señor no nos dejó la opción de decidir qué era lo mejor porque nos entregó lo mejor. Él nos incluyó en su historia y, a pesar de que el pecado arruinó la vida en esta tierra, no nos abandonó, ni nos sacó de su plan, sino que nos redimió a través de Cristo para darnos la oportunidad de servirle santificando también nuestra sexualidad para su gloria.

Dios está comprometido con sus propósitos de amor a nuestro favor. Por lo tanto, cada mujer tiene el privilegio de mostrar su gloria, siendo fieles al llamado que trae consigo la feminidad. A Dios le interesa que vivamos de manera congruente con el sexo que Él planificó de antemano que tuviéramos. Esto satisface al Señor y nos bendice a nosotras. Te invito a unirte al propósito de Dios celebrando que eres mujer, mientras le sirves con gozo y contentamiento. En los próximos capítulos seguiremos celebrando este don de la feminidad y la sexualidad bíblica conforme al plan de Dios para bendición y fructificación de nuestras vidas.

CAPÍTULO 2

EDUCACIÓN SEXUAL PREMATRIMONIAL

SEXO PARA NOVIAS

Si eres una mujer soltera con planes de casarte en unos meses, este capítulo es para ti. Es muy importante que las novias que estén próximas a casarse manejen cierta información con detalles. En esa etapa se presentan muchas interrogantes, sobre todo entre las que nunca han tenido experiencia sexual; en el caso de las que ya han experimentado con su sexualidad también es importante que desmonten una serie de creencias equivocadas con respecto a la sexualidad.

Llegar al matrimonio con conceptos errados, incertidumbres, temores y falsas expectativas con respecto a la dinámica sexual es innecesario y podría ser hasta traumático. Por eso, querida novia, te invito a que te sientes tranquila y leas este capítulo con calma. Espero que sea de mucha bendición para ti, pero quisiera aconsejarte que no leas los capítulos siguientes antes de casarte. Cuando termines este, sigue organizando tu boda, disfruta ese hermoso momento delante del Señor y después, como toda una señora casada, continúa leyendo los capítulos restantes del libro.

Por otro lado, si eres casada y estás leyendo este libro, no te recomiendo que pases por alto el capítulo; te aseguro que será de gran ayuda para entender y mejorar la dinámica sexual con tu esposo. Tampoco quisiera que te desanimes por el hecho de que el material no te llegó cuando eras novia. Todas las experiencias que Dios permitió que vivieras son parte de ti y te servirán como punto de partida para mejorar lo que experimentes en la intimidad marital.

Recuerda que tienes el resto de la vida para cultivar tu vida íntima, además no pierdas de vista el hecho de que puedes ayudar a otras mujeres que te rodean, ya sean novias o casadas; esto incluye a tus hijas, y otras mujeres de tu familia y de la comunidad de fe donde Dios te ha colocado. Sean todas bienvenidas, este contenido es para todas.

La vida sexual de toda pareja se construye poco a poco a través de las experiencias que se comparten en la intimidad. Todo en la vida tiene un inicio, una primera vez que resulta ser inolvidable, aunque para algunas no es un recuerdo muy agradable. Esos primeros encuentros, positivos y negativos, dejan una huella en la vida de la pareja. Por lo tanto, es preciso ayudar a la mujer orientándola para su primer encuentro sexual.

REGALO DE BODAS

A las novias les encanta recibir regalos de bodas. No se trata de que seamos materialistas, aunque hay algunas que sí lo son, sino que descubrir qué hay en cada caja grande o pequeña, debajo de esa hermosa envoltura, es emocionante. Casarse e iniciar un matrimonio es, sin lugar a duda, una experiencia sin igual, única en la historia de cada mujer, y todo el proceso está lleno de detalles, cada uno de los cuales es importante. Los regalos no son la excepción. No importa si son costosos o no, su valor radica en que formarán parte de la nueva vida como esposa y por eso ya tienen un valor especial.

Una pareja recibe muchos regalos, pero hay uno que es muy especial y viene del Señor. Siempre me gusta pensar en el placer sexual como el regalo de bodas de Dios para los esposos. Ya que se trata de un regalo de bodas, no lo recibirás ni lo podrás usar antes de la boda. Se debe esperar por el momento oportuno. Todo lo que viene de Dios es bueno, agradable, refleja su carácter santo y su voluntad perfecta. Además, el regalo de Dios incluye un manual de instrucciones para un uso beneficioso conforme a su diseño. ¿Cuántas veces has escuchado de personas que han dañado un electrodoméstico por usarlo sin revisar las instrucciones? ¡Qué descuido! ¿Cuánto más si se trata de la vida sexual con tu esposo?

La Palabra de Dios, el manual de instrucciones, nos enseña de manera muy clara que el placer sexual fue diseñado por Dios para el matrimonio. Por lo tanto, es santo, hermoso y apropiado para la pareja de esposos. Las Escrituras también establecen los mandatos que crean las condiciones idóneas para el disfrute de ese regalo del cielo en el matrimonio. El noviazgo, por muy formal, largo y seguro que parezca, no ofrece las condiciones emocionales ni espirituales que se requieren para la intimidad.

La vida sexual no es solo un momento de placer, sino una experiencia de vida. Cada relación sexual te deja una marca emocional y espiritual con la cual vivirás para siempre, entonces sería bueno que sea tu esposo el que comparta contigo esa experiencia durante toda la vida. Aunque la sociedad y la cultura contemporánea dicen lo contrario, tener diferentes parejas sexuales solo trae confusión y dolor a tu corazón.

Las relaciones sexuales no son experiencias inocuas, sin importancia, como el café que te tomaste ayer o la crema de manos que usabas el mes pasado. Por el contrario, la intimidad sexual hace contacto con fibras muy profundas de tu ser y no debes exponer tu alma al riesgo de ser dañada por responder a un impulso de tu cuerpo, legítimo, pero a veces a destiempo e inoportuno.

En una ocasión hablaba con una joven de unos 17 años sobre la importancia de saber controlar sus impulsos, aun cuando estos fueran legítimos. Pude decirle que lo valioso es tomar decisiones bien pensadas y no sobre la base de una supuesta necesidad apremiante. Mi intención era que entendiera que el dominio propio le podría garantizar mejores resultados a su debido tiempo y la libraría de malas consecuencias. Se me ocurrió contarle una ilustración.

Le dije: «Imagínate que estás encerrada sola en una casa por un par de días sin poder salir y se acaba el agua. Por más que buscas en la cocina y hasta en las tuberías, no hay agua y tu sed aumenta. Sabes que faltan muchas horas para que vengan a buscarte, pero tienes la boca seca, la lengua se te pega al paladar y empiezas a desesperarte. De repente recuerdas un lugar donde hay agua. En el inodoro, pero no en el tanque de reserva... ¿sabes?, donde te sientas... ¿te la tomarías?». En ese momento su cara cambió porque le dio mucho asco y me dijo: «¡Claro que no!». Yo le pregunté ¿por qué no? Es agua y tú tienes mucha sed, temes no poder resistir hasta que llegue alguien. Ella me dijo: «Podría ser peor, ¡podría enfermarme!». Yo insistí y le repliqué: «Pero parece limpia, te quitará la sed». Ella respondió de inmediato: «¡Prefiero esperar!». Entonces pude concluir: «¡Exacto! Las decisiones tomadas por impulso pueden ser fatales». De ahí en adelante la conversación fue más fluida y la noté más reflexiva.

Un impulso sexual mal manejado en la juventud y durante el noviazgo puede alterar tu vida sexual, condicionándote a permanecer en una dinámica disfuncional. Recuerdo a una joven pareja de esposos que asistió a mi consultorio en busca de respuestas. No entendían por qué su vida sexual no funcionaba bien, estaba muy lejos de sus expectativas. Ellos fueron muy sinceros cuando exploré su historia sexual. Con mucho dolor admitieron que habían tenido una vida sexual activa durante el noviazgo y que se autoengañaban diciendo que se casarían en unos meses y que de «alguna manera» (no entiendo cuál) ya eran esposos. Además, creían que, al casarse, el disfrute sería aun mejor, pero para su sorpresa ¡fue peor! Ellos no podían entenderlo.

La mayoría de los encuentros sexuales durante el noviazgo ofrecen un espacio de mucha curiosidad y excitación, pero también de temor, tensión y desinformación. El temor a ser descubierta, permitirte experiencias en contra de tus propios valores, te producen miedo e inseguridad porque no tienes una idea clara sobre lo que estás enfrentando y sus consecuencias. Todos estos sentimientos encontrados generan una ansiedad que puede manifestarse inmediatamente después del acto u horas más tarde, cuando las emociones e impulsos desaparecen y la razón vuelve a ser escuchada.

Ese escenario no es el ideal para experimentar la intimidad y menos gozar del placer sexual. Por el contrario, facilita que vivas una experiencia tan profunda de manera inapropiada. La mujer necesita estar segura y serena para alcanzar el placer sexual de manera satisfactoria. Cuando digo segura me refiero a que esta relación sea lo suficientemente estable en términos de compromiso y permanencia. Me refiero a que debe estar relajada mentalmente, sin la ansiedad de la culpa, de ser sorprendidos, de saber que Dios está siempre presente. Solo el matrimonio ofrece esas condiciones.

La primera relación sexual es inolvidable, por lo tanto, sería saludable que fuera un recuerdo agradable que contribuya de manera positiva al resto de tu vida sexual y no que la bloquees por haber sido una experiencia negativa. Es muy cierto que existen disfunciones sexuales que podrían originarse como consecuencia de una experiencia traumática durante esa primera vez, debido al condicionamiento que esa experiencia puede producir, es decir, trastornos como la anorgasmia, dispareunia o dolor durante la penetración, entre otros problemas.

Como si todo lo anterior fuera poco, hay una consecuencia adicional que provocan las relaciones prematrimoniales: ¡te apaga el cerebro! El placer sexual es muy potente y puede que influya en lo que pienses de tu novio. La entrega emocional y espiritual es tan profunda que no te imaginas vivirla con alguien más, por lo que de ese momento en adelante harás todo lo posible por preservar la relación, hasta el punto de evitar cualquier confrontación o expresar opiniones opuestas a tu novio. Además, he atendido a muchachas que durante una sesión terapéutica han descubierto que piensan y actúan como si sus novios fueran sus esposos. Esto demuestra que, si tienes relaciones antes del matrimonio, podrías llegar a casarte por las razones equivocadas, con la persona equivocada o en el tiempo inapropiado.

Lo más importante y que no puedes olvidar es que el sexo prematrimonial es pecado, la Biblia lo llama fornicación y eso explica por qué tiene tantas consecuencias (Efesios 5:3; 1 Corintios 6:18). Dios sabe lo que es mejor para ti y tu novio. Su plan y sus caminos son perfectos, puedes confiar en Él. Esperar el momento adecuado no es solo obedecer un mandato, permite que goces de otros beneficios. Por ejemplo, te permitirá que vivas un noviazgo con un propósito más profundo y con mayor madurez. Llegarán ambos al matrimonio con una mayor consciencia de lo que Dios les ha entregado.

¡No se te ocurra abrir ese regalo antes de que Dios te lo entregue!

ANATOMÍA Y FISIOLOGÍA DE LA RESPUESTA SEXUAL

Uno de los objetivos de este libro es proveer educación sexual sana a las lectoras, sin que se convierta en un libro de texto sobre terapia sexual. Sin embargo, considero prudente presentar algunos conceptos científicos sobre el tema.

La educación sexual es vital para tener una vida sexual saludable.

He encontrado en mi experiencia como consejera y terapista sexual que la información adecuada prepara a los novios para disfrutar el inicio de la vida íntima, baja los niveles de ansiedad en ambos y los prepara para que esos primeros encuentros sean cálidos y agradables, en lugar de convertirse en experiencias traumáticas. Por lo tanto, dedicaré un tiempo para definir las etapas de la respuesta sexual, detallando cómo es que el cuerpo del hombre y la mujer van respondiendo a medida que el cerebro recibe el estímulo sexual.

No quisiera dejar de mencionar que este contenido también es valioso para las mujeres casadas. En una encuesta a mujeres, realizada en 2020, para evaluar las necesidades de este tema en Latinoamérica, pudimos confirmar que el porcentaje de ellas que recibieron educación sexual es muy bajo. Muchas mujeres en nuestra región llegan al matrimonio con ideas distorsionadas de la sexualidad y, sobre todo, del acto en sí. No tienen claro cómo funciona su cuerpo ni el de su esposo. He escuchado a mujeres contando el temor con el que fueron a su luna de miel, mientras que otras llegan al consultorio llenas de tristeza y vergüenza al admitir que, a pesar de tener unos meses de vida matrimonial, todavía no han logrado completar su primera penetración. También he recibido a pacientes con años de casadas que nunca han podido disfrutar de un orgasmo y, por lo tanto, fueron perdiendo el deseo sexual. No creo que ese sea el plan de Dios para la sexualidad de las mujeres.

Esos casos tienen en común una educación sexual deficiente. Deficiente e ineficaz, pero no ausente. Todas hemos recibido educación sexual, por lo que el problema ha sido la calidad de la enseñanza que recibimos. El silencio sobre un tema también envía un mensaje. He escuchado a mujeres decirme: «En mi casa nunca se hablaba de "eso"». «Nadie me explicó nada sobre la menstruación y cuando llegó me asusté muchísimo». «Lo que he aprendido sobre el sexo ha sido a través de amigos en la escuela». Estas frases que he escuchado con tanta frecuencia demuestran la educación sexual de muchas mujeres. Es realmente lamentable, pero explica la cantidad de insatisfacciones y disfunciones sexuales que se presentan en los matrimonios.

Mi deseo es que esta información pueda traer salud y esperanza a cada mujer. Quisiera que puedas descubrir el diseño maravilloso de Dios y que este conocimiento repare, de alguna manera, la vida sexual de muchas, y prepare la mente y el corazón de las que están por casarse. Mi deseo es que también este libro anime a muchas madres para que se dispongan a evaluar la educación sexual que entregan a sus hijos. ¡Empecemos!

El diseño de Dios es evidente en la creación y se revela en toda la naturaleza. Se trata de un diseño que muestra propósito en muchísimos detalles. El cuerpo humano no es la excepción. Cuando estudio su estructura y cómo funciona cada célula, cada órgano y cada sistema para garantizar que el ser humano pueda vivir cada etapa de la vida, según sus necesidades y su género, no puedo más que alabar al Señor.

La respuesta sexual humana es una muestra maravillosa del diseño inteligente de Dios. Para experimentar dicha respuesta deben ocurrir una serie de detalles, tanto físicos como emocionales, de manera coordinada. El cerebro inicia el proceso al enviar la respuesta sexual al resto de los órganos, de manera que todo el cuerpo se involucra en este hermoso proceso en el que cuenta cada detalle, consciente o inconsciente.

Antes de explicar cómo funcionamos en la respuesta sexual, me parece necesario recordar lo que expresó el salmista, que sin tener estos detalles de la ciencia médica moderna, reconoció al Creador de nuestros cuerpos, alabándolo por su obra maravillosa. Este precioso salmo nos recuerda que cada detalle de nuestros organismos fue planificado y diseñado por Dios para mostrar su gloria y su bendición a nuestro favor:

> Porque Tú formaste mis entrañas; me hiciste en el seno de mi madre. Te daré gracias, porque asombrosa y maravillosamente he sido hecho; maravillosas son Tus obras, y mi alma lo sabe muy bien. No estaba oculto de Ti mi cuerpo, cuando en secreto fui formado, y entretejido en las profundidades de la tierra. (Salmos 139:13-15)

La respuesta sexual es una secuencia ordenada y muy racional de acontecimientos fisiológicos, cuya meta consiste en preparar los cuerpos de dos miembros del sexo opuesto para que se cumpla la reproducción de la especie.[1] Los órganos genitales de cada miembro de la pareja deben experimentar una serie de cambios en cuanto a su forma y función para que el acto sexual tenga éxito. En los dos sexos ocurren alteraciones fisiológicas muy distintas, pero complementarias, que preparan a ambos individuos para realizar el coito. La respuesta sexual involucra a todo el cuerpo, así que los cambios no solo se producen en el área genital, sino también en los sistemas cardiovascular, respiratorio, neurológico, musculoesquelético, hormonal, etc.

La respuesta sexual es un proceso físico, emocional y mental muy individual. Sin embargo, la mayoría de los cambios fisiológicos son comunes, lo cual permite definir patrones generales comunes al ciclo de respuesta sexual. Existen dos modelos descritos por autores y terapeutas sexuales muy conocidos: Helen Singer Kaplan y Masters y Johnson. Cada modelo tiene similitudes y algunas diferencias, por lo que a continuación vamos primero a describir las etapas de la respuesta sexual que cada uno plantea y luego describiremos en qué consiste cada una de ellas.

Kaplan plantea en su modelo tres etapas: deseo, excitación y orgasmo. Lo característico de este modelo es que define el deseo como una etapa, mientras que otros autores no analizan los aspectos de la respuesta sexual fuera de los cambios físicos que se producen en los genitales. Por su lado, Masters y Johnson describen cuatro fases de la respuesta sexual: excitación, meseta, orgasmo y resolución. Además, incluyen un período refractario en la fase de resolución del hombre, el cual es un estado de recuperación en el que se presenta la imposibilidad temporal de alcanzar el orgasmo.

ETAPAS DE LA RESPUESTA SEXUAL

Deseo

Kaplan lo define como el preludio de la respuesta sexual física. En ocasiones, podría pasar que uno de los miembros de la pareja no tenga deseo sexual, pero a medida que se da el intercambio de contactos y caricias se inician los cambios físicos y el deseo aparece. Por eso decimos que el deseo es contagioso.

Excitación

Se caracteriza por un gran número de respuestas comunes en hombres y mujeres que incluyen tensión muscular, y aumento del ritmo cardíaco y de la presión sanguínea. Se manifiesta como una vasocongestión en el área genital y una tensión muscular o miotomía. La vasocongestión es una saturación de sangre de los tejidos. Por lo general, el flujo sanguíneo que entra a los órganos y tejidos a través de las arterias se equilibra con el flujo que sale por las venas. Las arterias se dilatan durante la excitación, lo que aumenta la entrada de sangre más allá de la capacidad de las venas para drenarla. Esto origina una vasocongestión generalizada en los tejidos superficiales y profundos. Las áreas congestionadas podrían percibirse como cálidas o parecer inflamadas y rojas debido al aumento del contenido de sangre. Las manifestaciones más evidentes de esta respuesta vasocongestiva son la erección del pene en los hombres y la lubricación de la vagina de la mujer. La lubricación ocurre al producirse un trasudado de los vasos sanguíneos dilatados que humedece la mucosa de los labios menores y la vagina. Otras áreas que pueden congestionarse son los labios menores, el clítoris y los pezones en las mujeres, y los testículos en los hombres.[2]

La miotomía que ocurre durante la excitación es evidente a través de la flexión muscular, tanto voluntaria como involuntaria, que se manifiesta en los gestos y contracciones espasmódicas de manos y pies. Dichos espasmos ocurren también en la fase orgásmica. Además de la erección del pene, la excitación en el hombre produce el ensanchamiento del escroto, por lo que el saco espermático y los testículos se elevan por el acortamiento de los cordones espermáticos. En la mujer, el útero aumenta mientras ocurre la lubricación.

Meseta

La tensión sexual continúa aumentando hasta llegar al punto máximo que conduce al orgasmo. A diferencia de la excitación, la meseta no tiene manifestaciones externas claras que establezcan su aparición. Sin embargo, las que se iniciaron en la fase anterior se vuelven más evidentes a medida que se avanza a la siguiente: el ritmo cardíaco, la presión sanguínea y la respiración se aceleran. La irrigación sanguínea aumenta. La tensión muscular se acumula cada vez más en el rostro, el cuello y los pies, pudiéndose producir contracciones involuntarias y espasmos, tanto en la fase de meseta como en la de orgasmo.

Durante la meseta ocurren algunos cambios internos. El pene del hombre se llena y se distiende por la vasocongestión hasta alcanzar los límites de su capacidad. La erección es firme y alcanza su tamaño máximo. Los testículos, al estar llenos de sangre, son un cincuenta por ciento más grande de su tamaño normal. Aparecen dos o tres gotas de fluido mucoso claro que proceden de las glándulas de Cooper, las cuales tienen la función de limpiar el canal uretral previo a la eyaculación, de manera que los espermatozoides que contiene el semen no sean afectados por los rastros de la orina que se expulsa por esta vía. En la mujer se forma la plataforma orgásmica. Este es un término empleado por Masters y Johnson para describir una congestión evidente en el tercio externo de la vagina. El útero alcanza su máxima altura y el tercio exterior de la vagina se encuentra dilatado, el clítoris gira ciento ochenta grados y se retrae en posición plana por detrás del pubis.

Orgasmo

Esta es considerada la etapa más placentera del acto sensual, aunque es la fase más breve del ciclo de respuesta sexual que, por lo general, dura solo unos segundos. Las manifestaciones orgánicas del hombre y la mujer son diferentes durante el orgasmo:

Orgasmo masculino. Masters y Johnson han descrito dos componentes. El primero consiste en las contracciones de los órganos internos que señalan la sensación de «inevitabilidad de la eyaculación». El segundo está constituido por las contracciones rítmicas de la uretra peneana, y los músculos de la base del pene y el perineo que experimentan el orgasmo propiamente dicho. El semen brota del pene erecto en tres a siete chorros con intervalos de 0,8 segundos.

Orgasmo femenino. Consiste en contracciones rítmicas reflejas a intervalos de 0,8 segundos de los músculos circunvaginales y el perineo, así como de los tejidos dilatados de la plataforma orgásmica.

Orgasmo clitorídeo y vaginal. Se ha dicho que existen dos tipos de orgasmos femeninos: el clitorídeo y el vaginal. El primero resulta por la estimulación directa sobre el clítoris, el otro durante la penetración vaginal. Sin embargo, ambos orgasmos dependen de la estimulación clitorídea, ya sea ejercida de manera directa o indirecta mediante los movimientos del pene durante la penetración vaginal. Esto es posible debido a la anatomía del clítoris.

El clítoris no es más que un pequeño botón en la parte superior de la vulva; en realidad eso es solo su parte visible. Consta de dos bulbos que descienden en forma de lágrima a los lados de la vulva, por detrás de los labios mayores. Es homólogo al pene, es decir, que comparten las mismas células que, en la etapa embrionaria, dan como resultado estos órganos dependiendo del sexo del bebé. Tiene unos cuerpos cavernosos que se llenan de sangre durante la excitación, como en el pene, y cuentan con miles de terminaciones nerviosas que explican la gran sensibilidad que facilita el placer.

La mujer siente mucho placer cuando es estimulada por su esposo en la zona clitorídea, pudiendo llegar al orgasmo aun sin ser penetrada. Esto es completamente normal y, de hecho, podría facilitar la penetración. Ya en este momento la mujer podría estar más relajada y, si continúa siendo estimulada, tener otro orgasmo durante la penetración. En esa penetración, el clítoris pudiera estar siendo estimulado por el pubis del esposo mediante los movimientos que ambos realizan. La mujer, con la práctica, aprenderá qué posición o movimiento necesita para conseguir dicha estimulación. Como vemos, el orgasmo femenino en realidad es clitorídeo aun cuando ocurra durante la penetración. Ambos orgasmos son adecuados, la mujer puede preferir experimentar uno u otro, o ambos en un encuentro sexual.

El hombre es refractario tras el orgasmo, es decir, pierde la erección luego que experimenta el orgasmo y necesita un período de tiempo para poder eyacular otra vez. Esto se conoce como período refractario, el cual depende de la edad, la actividad sexual previa, el grado de cercanía emocional y el deseo sexual del hombre por su pareja. Por otro lado, la mujer no es refractaria al orgasmo. Si no se halla inhibida y si aún mantiene su aparato genital en la fase de meseta, puede volver a ser estimulada solo segundos después del primer orgasmo y puede experimentar otros más.

Resolución

Es la fase final de la respuesta sexual. Los órganos sexuales vuelven a su estado normal antes de la excitación. Algunos de los cambios que regresan al estado de ausencia de excitación suceden con rapidez, mientras que otros ocurren más lentamente. En esta fase la pareja se relaja y es posible que afloren las emociones. Algunas mujeres reportan deseos de expresar verbalmente sus sentimientos o la necesidad de sentirse cerca del cuerpo de su esposo. Algunos esposos no lo experimentan de la misma manera y esta discrepancia podría generar algún malestar en la mujer. Sin embargo, no es una situación que no pueda resolverse si es que te tomas el tiempo para comunicar lo que sientes y deseas con toda libertad.

Quisiera hacer un alto a toda esta explicación biológica para que reflexionemos por un momento en el diseño precioso con el que el Señor dotó nuestros cuerpos. Cada acto sexual está compuesto por una secuencia de elementos coordinados de forma específica, en la cual cada etapa prepara la siguiente. Las etapas no ocurren de manera tan segmentada (lo anterior fue necesario para poder explicarlo en orden), sino que se trata de una secuencia fluida y sin interrupciones.

No sé qué pensaste al leer esta descripción de la respuesta sexual desde el punto de vista biológico, pero cada vez que tengo que explicarla, me resultan sobrecogedores los detalles tan coordinados con los que Dios diseñó el placer sexual. Mucho de la belleza del placer sexual ha sido distorsionado por la caída, pero era parte del diseño original de Dios para la humanidad. Me gustaría resaltar algunos de esos detalles del diseño divino porque muchos de ellos solo son útiles durante el intercambio sexual. Estos detalles nos muestran que al Señor le interesa que los esposos disfruten en la intimidad, y, si a Dios le importa, supongo que a nosotras también debe importarnos. Veamos algunos de esos detalles:

1. Los órganos sexuales externos femeninos y masculinos se complementan de manera perfecta. Esto nos recuerda que Dios nos hizo heterosexuales y que todo fue pensado con un propósito.

2. La única función del clítoris es generar placer sexual a la mujer.

3. La lubricación vaginal facilita que la penetración no produzca un roce desagradable y hasta doloroso, mientras que la dilatación prepara la vagina para la recepción del pene.

4. La plataforma orgásmica permite un roce agradable durante la penetración tanto para ti como para tu esposo, al disminuir un poco la entrada de la vagina.

5. La glándula de Cooper en el varón produce una sustancia que limpia la uretra del pene de manera que los espermatozoides no se contaminen ni lesionen por los restos de orina que podrían encontrarse allí.

¿QUÉ ESPERAR DE LA PRIMERA EXPERIENCIA SEXUAL?

¿Leíste bien la pregunta? No dice «la primera noche de bodas», sino la «primera experiencia sexual». Entendemos y afirmamos que el matrimonio es la condición perfecta para iniciar y mantener una vida sexual saludable. Sin embargo, no es necesario que tengamos la presión de que durante la noche de la boda deba intentarse de forma obligatoria la primera experiencia coital. En la consejería prematrimonial que realizo junto con mi esposo Ezequiel, siempre les recomendamos a los novios que lleguen lo más serenos posible a esa noche tan especial.

No es recomendable generar una presión innecesaria al ponerse como meta intentar la primera penetración. Los días previos a la boda se suman a los preparativos de la misma, las emociones de la ceremonia y toda la celebración que viene después, por lo que estarán bastante cansados al llegar a la noche tan esperada. No desperdicien un momento tan hermoso imponiéndose requisitos o metas innecesarios. No estoy planteando que no sea posible, solo que si lo hacen sea porque lo deseen ambos y se sientan física y emocionalmente bien para ello.

Entonces ¿qué hacemos la noche de bodas?

¡Dormir! Estoy bromeando, aunque habrá alguna mujer casada que recordará ese momento y dirá sin dudar que sería lo más adecuado debido al agotamiento con el que llegó esa noche. En serio, todavía hay mucho que hacer porque es una noche muy especial y sin duda será inolvidable. Lo que quiero decir es que la intimidad sexual no tiene que ver solo con el coito, sino que es mucho más que eso. Sería estupendo que aprendieran a valorar esa realidad desde el principio.

Considera lo siguiente: por primera vez están completamente solos, sin restricciones y sin límites de tiempo. Ya no tienen que despedirse porque es tarde ni tienen que cuidar dónde él coloca sus manos. Pueden permitirse tener juegos y acercamientos mientras se desvisten mutuamente. Todo esto es sumamente íntimo, cercano y muy especial. Poder dormir juntos, piel con piel, y saber que Dios está de acuerdo, lo bendice y anhela que lo disfrutes.

Repito, la pareja de recién casados tiene el derecho de intentar todo cuanto deseen puesto que no hay prohibición solo porque sea la primera noche. Mi intención es poder rebajar esa presión previa a la boda que he percibido en muchas mujeres, como si fuera una tarea obligatoria que debe cumplirse antes de que amanezca. Como ya lo he dicho, para facilitar el deseo y desencadenar toda la respuesta sexual se necesita que el acto se disfrute estando en calma. La ansiedad, la tensión y los temores bloquean la respuesta sexual. Los recién casados deben velar por que el ambiente de los primeros encuentros sexuales sea propicio para ambos, y la primera noche es inolvidable, sobre todo para nosotras las mujeres.

El primer intento de penetración debe ocurrir estando descansada y relajada. Este ambiente propicio se da donde pasarán su luna de miel, lugar al que se arriba con frecuencia al día siguiente de la boda. Entonces, el tema aquí no es «cuándo» sino «cómo», ya que podría ser en cualquier horario durante el segundo o tercer día después de la boda. Hay parejas que al día siguiente salen de viaje dentro del país o al extranjero para recién iniciar la luna de miel. Así que no importa cuántos días te tome estar en el ambiente adecuado, lo primordial es que puedas relajarte y sentirte cómoda.

Algunos esposos nuevos me han comentado lo útil que resultó para ellos llegar a la habitación y tomar un tiempo para serenarse, comentar lo vivido durante la ceremonia y hasta reírse de las situaciones que simplemente no salieron como se habían planificado. La pareja pudo disfrutar de los detalles del día y hasta pudieron comer y tomar algo.

Cualquier dinámica que sea relajante facilitará que la intimidad sexual fluya de manera natural. Te animo a que seas creativa, recuerda que no hay prisa, tienes el resto de tu vida para disfrutar de todo lo que Dios les ha reservado para el matrimonio.

MITOS Y TABÚES ALREDEDOR DE LAS RELACIONES SEXUALES

Con todo el fundamento que acabo de exponer, creo que estamos listas para reflexionar juntas acerca de los mitos y tabúes que giran alrededor de las relaciones sexuales. La educación sexual en nuestra cultura latina no se aborda de manera adecuada, sobre todo en el seno familiar. Las jóvenes crecen entendiendo que hablar de «eso» es vergonzoso, ya que en sus hogares no se hablaba en absoluto del tema o se refieren a él de manera negativa, como algo sucio, desagradable o pecaminoso. No puedo negar que hay situaciones específicas en que esos calificativos aplican pero, en general, no definen de forma adecuada el sexo, ya que no expresan la belleza ni lo especial y santo del diseño de Dios.

La educación sexual inadecuada afecta no solo la experiencia coital, sino también la identidad de las niñas y adolescentes. Te invito a hacer una pausa en tu lectura y reflexionar sobre tu propia educación sexual. Por favor, no digas que no recibiste ninguna porque todas recibimos algún tipo de educación sexual. Lo importante es evaluar si fue o no adecuada. No olvides que el silencio, una mirada, un gesto de disgusto frente a un tema o una pregunta sin respuesta es parte de la comunicación que pasa información de algún tipo al interlocutor.

Te pido que hagas memoria y reflexiones: ¿cómo fue la educación sexual que recibiste? Debes tomar en cuenta los demás espacios sociales en que te desenvolvías: la escuela, la iglesia, el club deportivo o la casa de otros amigos y familiares. Solemos encontrar en esos espacios instrucción eficaz o ineficaz sobre este tema. El punto aquí no es buscar culpables, sino percatarte de la clase de información que ha definido el entendimiento de tu sexualidad.

Es posible que necesites buscar información adecuada y saludable que te ayude a cambiar tu comprensión del tema. Si ese fuera el caso, debes asumir esa responsabilidad como adulta, y no dudes de que tienes la capacidad para hacerlo. Te animo a buscar libros con valores cristianos, a reunirte con otras mujeres adultas que puedan orientarte y así despejar tus dudas, cambiar los conceptos equivocados y tener claridad con respecto a tu sexualidad.

Debido a la deficiencia en la educación sexual que muchas reciben en su contexto, su experiencia sexual suele no ser tan agradable y lo comentan con sus amigas o hermanas. Esas historias repetidas una y otra vez son reforzadas en el camino y van formando mitos y tabúes sexuales. No estoy diciendo que la experiencia de determinada mujer no sea cierta, sino que no representa la única opción a la que todas, inevitablemente, deberán exponerse porque «las cosas son así».

Como este capítulo está dedicado a las chicas que aún no se han casado y que quisieran información relevante antes de iniciar su vida matrimonial, me gustaría mostrarles tres mitos o creencias frecuentes y a los que no les encontramos la explicación correcta por desconocer a qué recurrir.

Mito 1: «¡La primera vez duele muchísimo!».

Muchas jóvenes con las que hablo antes de la boda me transmiten preocupadas esa misma información: *la primera penetración duele y mucho*. ¿Lo has escuchado? Algunas me han comentado que les han aconsejado aguantar ese tremendo dolor porque no hay otra opción. Una muchacha me contó que le dijeron con cierta resignación: «Llénate de valor y aguanta». Al escuchar eso pienso en las mujeres que han sufrido una penetración dolorosa, debe ser terrible, pero no tiene que ser así.

La primera penetración no debe doler, aunque puede causar cierta molestia al sentir cierta presión en la entrada de la vagina. Para explicarlo me gusta usar una analogía: ¿has visitado alguna ver al otorrino, el doctor especialista en nariz, oídos y garganta? Las que hemos ido sabemos que ellos tienen unos equipos especiales para ver dentro de esas cavidades. El rinoscopio es para observar las fosas nasales y se introduce cerrado. Se va abriendo dentro de la nariz y con una luz se puede observar su interior. Las que sufrimos de sinusitis lo conocemos muy bien. Es molesto, pero más molesto es el laringoscopio, con el que ven la garganta... muy molesto, pero la verdad es que no duele. Si estás tranquila y relajada te va a molestar, pero no te va a doler. No vas a salir del consultorio con un dolor insoportable ni traumada por la experiencia.

No intento comparar el examen de un otorrino con la penetración vaginal porque sabemos que no es lo mismo. Sin embargo, es útil diferenciar el dolor de la molestia. La penetración vaginal no debe producir un dolor insoportable en ningún momento, es decir, ni la primera vez ni ninguna otra. Sin embargo, entiendo que hay condiciones saludables y necesarias que deben tomarse en cuenta para que esto no ocurra.

Evitar el dolor no se consigue con una fórmula mágica o por simple suerte. El cuerpo humano, como sabes, es integral y cada una de nosotras somos diferentes. Por lo tanto, lo que es funcional para una, puede que no lo sea tanto para otra. Entonces quisiera ofrecerte algunas pautas que durante mi práctica profesional han sido muy útiles para ayudar a mis pacientes en este punto.

Si quisiera resumir las condiciones necesarias en dos palabras serían: lubricación y relajación. Toma en cuenta que cuando explicamos los aspectos de la respuesta sexual dijimos que no se experimentan por segmentos, sino como una serie coordinada de expresiones emocionales y físicas que suceden una tras otra.

La buena lubricación vaginal es vital porque facilita la entrada del pene sin que se vuelva forzoso y termine produciendo dolor. Para conseguirla es necesario que estés bien excitada. Recuerda que en la fase de la excitación se produce una vasocongestión en la zona genital que provoca un exudado, que es justamente la lubricación. Si una mujer no se encuentra bien estimulada, entonces la lubricación no se hará presente. ¿Qué necesitas para mantener una lubricación apropiada? Concentrarte.

Con frecuencia la mente de muchas esposas se distrae vagando lejos del momento que está viviendo. Recuerda que la excitación es una fase de la respuesta sexual y que lo que responde o manda la respuesta es tu cerebro. Por lo tanto, si el cerebro deja de recibir el estímulo, como resultado no mandará la respuesta. Sencillo pero imprescindible. No puedes dejar que tu mente se vaya a pasear, ni que se entretenga con temores mientras estás en la intimidad con tu esposo.

Lo que acabo de mencionar ocurre con cierta frecuencia. Nuestras mentes femeninas tienden a poner atención a varias cosas a la vez, el famoso «multitasking» o multitarea, que a menudo solo nos complica la vida. Entrenar tu mente para que esté presente en una sola cosa no es tarea fácil, pero se puede conseguir. De lo contrario, te costará mucho poder disfrutar la intimidad. Recuerdo a una pareja en la que el esposo se quejaba de que su esposa le preguntaba si estaba seguro de haber cerrado bien la puerta del patio, y otras cosas así, en medio del intercambio sexual. Ella se defendía diciendo que esas cosas eran importantes. Sí, pueden ser muy importantes, pero el momento era realmente inoportuno. Tu mente no te controla, tú puedes y debes controlar tus pensamientos. Te regalaré una técnica para que la uses en ese momento: conecta tu mente a las manos de tu esposo mientras atraviesa con sus manos por tu piel e intenta relajarte. La lubricación vaginal ocurre de manera natural, no es necesario que uses lubricantes sintéticos. Lo mejor es aprender a disfrutar tu propia respuesta, tal y como Dios la diseñó para ti.

El otro aspecto es la relajación, no mental porque estarás concentrada, sino la relajación de tu cuerpo y tus músculos. La vagina es un espacio compuesto de musculatura lisa, por lo que la entrada puede abrirse y cerrarse con la contracción del músculo pubocoxígeo. Este es el músculo responsable de abrir y cerrar todos los esfínteres de la zona pélvica. Aprender a reconocerlo y controlarlo te ayudará a relajarlo en el momento de la penetración.

Reconocerlo es fácil porque se trata del músculo que contraemos para que salga o no la orina. Lo que ocurre es que la esposa se asusta, se pone tensa y contrae, no solo este músculo, sino también los muslos y toda la cadera durante el momento de la penetración. Esto hace que el esposo sienta como un bloqueo en el introito o entrada vaginal. Por lo tanto, aprender a reconocer ese músculo y relajarlo en el momento de la penetración te ayudará a que, en lugar de sentir dolor, solo sea una molestia temporal. Lo que sí quiero dejar en claro es que no esperes no sentir nada, eso es imposible, estás viva y, además, créeme que luego esa sensación a la que nos referimos será muy gratificante, en la medida en que tengas más experiencias junto a tu esposo.

Te recomiendo que tomes esto en cuenta y no consientas una penetración vaginal sin buena lubricación y sin estar relajada. No te desesperes, no debes tener prisa. Los primeros encuentros sexuales deben ser agradables y las presiones por «cumplir» con requisitos autoimpuestos pueden ser contraproducentes.

Mito 2: «Debo sangrar en mi primer encuentro sexual».

Otro mito o creencia alrededor del primer encuentro sexual se refiere al sangrado. El himen es una fina membrana que cubre el orificio de la entrada vaginal que, al ocurrir la entrada del pene, puede producir un sangrado que desaparece en unos minutos. En algunos casos el sangrado no es visible, quizás ocurra, pero es microscópico; es decir, no lo ves y por eso puedes llegar a pensar que no has sangrado. El problema en realidad no es el sangrado, sino creer que tu esposo pueda pensar que has tenido relaciones sexuales con anterioridad si no sangras, por lo tanto, no llegaste virgen al matrimonio.

Una mujer virgen puede que no vea sangre en su primera penetración debido a que estaba bien lubricada, lo cual permitió que el roce fuera menor. También es posible que tenga menos vasos sanguíneos superficiales en la zona donde se inserta el himen y al desprenderse tan poca sangre apenas se percibe. No debemos evaluar la virginidad de una mujer por el sangrado durante sus primeros encuentros sexuales.

Por otro lado, si aparece ese sangrado, no debe ser un obstáculo para el disfrute de los recién casados, ya que desaparece en pocos minutos. Algunas pacientes me han reportado un ligero manchado en los primeros días, sin embargo, lo único que deben cuidar es la higiene íntima, pero ese sangramiento no impide la práctica sexual a menos que sea muy abundante, lo cual es raro.

Mito 3: «¿Necesito experiencia previa?».

Muchas personas piensan que deben tener algo de experiencia antes de casarse. Creen que así garantizarán un mejor desempeño en la intimidad. Esta creencia es más frecuente entre los varones, pero se está haciendo cada vez más común también entre las mujeres. Vamos a pensar juntas. Siempre hay una primera vez, ya que nadie nace con experiencia. ¿No sería bueno que esa primera experiencia fuera con la persona que vas a compartir la intimidad el resto de tu vida? ¿Por qué un momento tan especial que recordarás por siempre incluiría a alguien que estuvo de paso en tu vida? Además de la ventaja de compartir ese momento memorable y aprender juntos, está la de desarrollar tu propia dinámica sexual que se ajustará a tus preferencias, sin la intromisión del daño de otras experiencias o de otras personas en tu historia sexual.

Creo con absoluta convicción que no se necesita ninguna práctica sexual para desarrollar una vida conyugal satisfactoria. El hacerlo no garantiza nada mejor que lo planteado anteriormente y, por otro lado, produce condicionamientos que pueden dar lugar a malos ratos o cuestionamientos desagradables.

Existe aún un punto adicional sumamente importante. Nunca debemos dejar de lado la voluntad de Dios en cada área de nuestras vidas. No olvides que, como dijimos, tener relaciones sexuales sin casarte es pecaminoso y tendrá consecuencias espirituales y emocionales con las que tendrás que trabajar y sanar después. Dios quiere que tengas una historia sexual sana, pura y sin prólogos desagradables. Él diseñó el placer sexual dentro de los márgenes que aseguran su completo disfrute en esta tierra. Nuestro Dios es muy bueno y no hay nada que escape a su control sabio, amoroso y soberano. Esperar el tiempo adecuado es de personas sabias, maduras, firmes en sus convicciones, centradas en sus valores eternos y no en lo que la sociedad y la cultura ofrecen.

No necesitas ningún tipo de práctica sexual antes de casarte, pero sí una buena información confiable. Esa es la motivación original para escribir este libro y este capítulo en específico. El problema de muchas mujeres con respecto a su vida íntima reside en la falta de una educación sexual adecuada. Creo firmemente que las mujeres antes de casarse necesitan manejar información sobre el funcionamiento de su cuerpo y el de los hombres. Me refiero a información teórica, básica, sin erotismo ni morbosidad, mucho menos pornografía de ningún tipo. La información que necesitas es una educación sexual sana, la experiencia debe reservarse para el momento íntimo y privado de los esposos.

Al finalizar la lectura de este capítulo puede que tengas interrogantes acerca de cómo funcionará toda esta teoría en la práctica. ¿Qué puedo esperar? ¿Es todo esto tan maravilloso en realidad? ¿Cuáles deben ser las expectativas correctas de la respuesta sexual de una mujer? En el próximo capítulo te ayudaré a ver esos aspectos de la manera más realista posible.

CAPÍTULO 3

RESPUESTA SEXUAL FEMENINA

EXPECTATIVAS VS. REALIDAD

Cuando piensas en la intimidad sexual entre tu esposo y tú, ¿qué viene a tu mente? Imaginas una experiencia gratificante o, por el contrario, te llenas de desánimo o temor. Algunas mujeres tienen muy pocas expectativas con respecto a este tema producto de muchas ideas distorsionadas que las llevan a ver la intimidad sexual como algo muy complicado. Por eso resulta valioso que evalúes tus expectativas y, con información adecuada, puedas alinearlas al propósito de Dios para ti con respecto a tu intimidad sexual.

Es muy importante que conozcas tu cuerpo y también tus preferencias al momento de entrar en intimidad con tu esposo. Es necesario identificar esos aspectos particulares que potencian tu respuesta para poder comunicarlas de forma adecuada a tu esposo. Muchas mujeres piensan que, como los hombres están tan inclinados al sexo, ellos deben saber qué hacer con el cuerpo de su esposa.

Recuerda que tu esposo no puede sentir por ti lo que tus terminaciones nerviosas transmiten a tu piel en todo tu cuerpo. La única que tiene esas vivencias eres tú, la que conoce bien la sensibilidad de tu cuerpo y tus deseos eres tú. Además, no todos los días estamos igual, ni tampoco deseamos siempre lo mismo. Esperar que tu esposo adivine tu sensibilidad y tus deseos es una expectativa incorrecta y solo te puede traer frustración.

Me he encontrado con mujeres frustradas porque sus esposos no las entienden en la intimidad. Esa frustración hace que participen de la intimidad sin esperar nada, solo por complacer al marido. Después de evaluar sus historias sexuales, descubro que ellas no recuerdan lo que les gusta, nunca lo han reconocido ni evaluado y mucho menos verbalizado. Suelen decirme: «Ellos saben de esas cosas», entonces les pregunto: «¿Cosas? ¿Qué cosas?». «Usted sabe...», responden con timidez y cierta vergüenza. De nuevo, la desinformación, la vergüenza y las experiencias no satisfactorias van creando expectativas inadecuadas, frustración y hasta una resignación malsana que arruinan el disfrute que Dios desea para cada uno de los esposos.

Si estás casada hace unos años y te identificas con algo parecido a lo anterior, debes estar preguntándote: ¿qué puedo hacer?, ¿por dónde empezar? Vayamos por partes y tratemos de responder preguntas similares.

Siempre que tengo que evaluar algún aspecto de mi vida, lo primero que quiero saber es lo que Dios opina al respecto. Lo que hago, de manera práctica, es reflexionar en oración sobre los principios bíblicos que giran alrededor del tema. Cuando se trata de sexualidad y matrimonio pienso en el origen del ser humano, en el diseño original de Dios. En el primer capítulo tocamos ese aspecto. Yo quisiera que también tuvieras un entendimiento claro de ese punto fundacional de nuestra existencia porque es la base de lo que somos. Te invito a investigar, reflexionar, meditar delante de Dios, hacerte preguntas. ¿Qué conceptos o patrones de pensamiento han formado la idea que tengo de mi sexualidad? ¿Estoy agradecida de ser mujer? ¿Disfruto ser femenina? ¿Cuáles son las quejas que tengo con respecto a ser mujer? ¿Acepto las particularidades de mi cuerpo? ¿Qué pienso sobre el placer sexual? Cuando estudio cómo está conformado el cuerpo y su funcionamiento, ¿admiro la obra sabia de Dios? ¿Considero la sexualidad como un regalo bueno de parte de Dios para mí? ¿Qué espera Dios de mí en el intercambio sexual con mi esposo? ¿Qué tanto debo involucrarme? ¿Es la sexualidad un aspecto prioritario en mi vida?

ROL DE LA MUJER EN LA DINÁMICA SEXUAL

En la Biblia hay un libro que trata sobre la sabiduría, Proverbios, el cual tiene un pasaje en el que quisiera que reflexionaras:

> Bebe agua de tu cisterna y agua fresca de tu pozo. ¿Se derramarán por fuera tus manantiales, *tus* arroyos de aguas por las calles? Sean para ti solo, y no para los extraños contigo. Sea bendita tu fuente, y regocíjate con la mujer de tu juventud, amante cierva y graciosa gacela; que sus senos te satisfagan en todo tiempo, su amor te embriague para siempre. (5:15-19)

En este pasaje vemos los consejos que el maestro sabio le brinda a su hijo sobre adónde ir a satisfacer sus necesidades sexuales de manera legítima. Una de las cosas que me maravilla de este pasaje es la forma hermosa en que se describe a la esposa. Aunque su lenguaje es simbólico y poético, resulta claro que está hablando de intimidad sexual y se celebra el rol de la mujer en ese escenario. La esposa es la persona exclusiva escogida por el esposo y con la que únicamente goza del disfrute sexual. El pasaje muestra a una esposa amante, que disfruta contenta el encuentro y embriaga de amor a su esposo.

El sabio invita a su hijo a procurar la intimidad sexual de forma exclusiva con su esposa. Sin importar el tiempo transcurrido desde su unión matrimonial, ella seguirá siendo su único recurso agradable para el disfrute sexual. Esta bella descripción de la intimidad sexual propiciada por la sabiduría bíblica plantea un rol importante para las esposas. Muchas mujeres creen que los temas sexuales son solo de hombres, que el placer sexual es solo para ellos. Llegan a pensar más o menos así: «Si estoy dispuesta físicamente, no importa que no me involucre mucho en la dinámica sexual ni que encuentre satisfacción. Lo importante es que él se satisfaga y eso es suficiente». ¡Qué gran error!

Quisiera decirlo de una manera más sutil, pero es la verdad, es un **gran error** que terminará afectando mucho la intimidad de ambos. No basta con que nos dispongamos simplemente a aceptar tener relaciones, colocar el cuerpo a su lado y permitir el toque sin un mayor involucramiento físico o emocional. No será gratificante para ti (y debería serlo) y no dudes que para él también será una experiencia pobre y poco satisfactoria.

Es vital el papel que juega la mujer en el intercambio sexual con su esposo. No es posible que «embriagues de amor» a tu esposo si tú no estás también disfrutando. La excitación sexual se potencia de manera recíproca, la expresión erótica de la pareja es un estimulante sexual imprescindible en la interacción que llega a un orgasmo cautivador. Una mujer que no expresa nada durante la dinámica sexual es, como me lo dijo un paciente, «como un pedazo de madera» porque «parece que ella no está allí».

He conocido a mujeres que no manifiestan interés y que tienen muy poco deseo sexual. No debemos minimizar su frustración ni tampoco dejar de considerarla como una situación delicada. Hay razones detrás de esa condición y deben ser tratadas. Lo que quiero decir es que no es necesario resignarse pensando que no hay solución. Tenemos que rechazar pensamientos como: «Me toca aguantar, sobrellevar esta casi tortura por el resto de mi vida». Nuestro Dios no está interesado en torturarnos, sino en amarnos y darnos una vida abundante en todo sentido.

Nunca olvidaré a una joven esposa que al inicio de la primera sesión me dijo que había ido porque quería saber si existía algún medicamento para quitar el deseo sexual. Cuando le pregunté por la razón para su pedido, me dijo: «Dios me premió con el mejor esposo del mundo; es atento, servicial, trabajador, buen creyente, fiel y me ama muchísimo. No me imagino la vida sin él, pero hay un problema, yo quiero ser su esposa por siempre, pero sin relaciones sexuales. No quiero tener sexo, no tengo deseos, me molesta que me busque con esa intención». ¡Qué paradoja! Ella quiere seguir en su matrimonio, pero anhela eliminar el componente sexual. Su solicitud no era una broma porque, de hecho, otras mujeres han admitido que en ocasiones han pensado en algo así. Como en ese caso, he descubierto con regularidad que detrás de ese anhelo hay mucho dolor, tristeza e insatisfacción, por lo que es necesario evaluar cada caso con profundidad para encontrar el origen que motiva ese deseo.

Es posible que tú no llegues a ese punto o que en el pasado tu experiencia fuera buena, pero por alguna razón se deterioró. No debes dejar ese tema en el olvido, te animo a buscar ayuda y solucionarlo en el Señor. La mujer puede disfrutar plenamente del intercambio sexual con su esposo, sabiendo que cada pareja desarrolla su dinámica según sus preferencias, personalidades e influenciados por la etapa de la vida en que se encuentren. Cada encuentro sexual es único e irrepetible, no son todos iguales, unos serán más intensos que otros, algunos más cálidos, otros más rápidos y todo lo que pueda calzar entre estas situaciones íntimas. Lo importante es darse el permiso de estar presentes, en cuerpo y alma, y expresar las emociones y los pensamientos más íntimos con libertad y amor junto a su marido.

ELEMENTOS QUE PUEDEN BLOQUEAR O DISMINUIR LA RESPUESTA SEXUAL FEMENINA

No me cansaré de repetir que Dios diseñó el placer sexual para el disfrute de ambos, tanto de la esposa como del esposo. Sin embargo, la sexualidad es compleja y tenemos que tomar en cuenta que para alcanzar el placer sexual se involucran muchos elementos que operan al mismo tiempo. Puede haber ocasiones en que alguno de ellos bloquee en lugar de potenciar el encuentro sexual. Por eso es importante conocer esos elementos y aprender a que sean de apoyo o ayuda, no de estorbo o bloqueo, para el buen desempeño sexual de ambos. El manejo de esos elementos permitirá construir expectativas saludables, alcanzables y adecuadas para cada encuentro sexual.

CONOCE TU CUERPO

En el capítulo anterior tratamos este tema, así que solo lo menciono porque el énfasis en el mismo siempre es necesario. El acto sexual no es solo carnal, pero se realiza con el cuerpo y necesitas conocer el tuyo en términos de funcionamiento y con respecto a cómo interactúa con tus respuestas emocionales. No, no todas somos iguales, podemos tener similitudes, pero cada mujer es diferente; no basta un libro para poder describir esas diferencias, pero sí encontramos mucha información en las ciencias de la salud que pueden orientarte en líneas generales para que desde allí puedas abordar tus características particulares.

DESARROLLO SEXUAL DE LA MUJER

Las niñas nacen con todos sus órganos sexuales sin madurar. Con la menarquia o primera menstruación se inicia la pubertad y comienza el proceso de maduración sexual que es provocado por cambios hormonales. El cuerpo de la adolescente empieza a cambiar desde adentro hacia afuera, es decir, aparecen las características sexuales secundarias como el vello axilar y púbico, el crecimiento mamario, además del crecimiento en la estatura. Esto se acompaña de cambios en el humor y mayor capacidad de análisis y juicio crítico. Es muy común escuchar a los padres decir que no entienden lo que está pasándoles a sus «niñas» por la manera en que se comportan.

Las chicas no vivencian el deseo sexual como los varones. Ellas sienten más interés en la apariencia, en llamar la atención de los varones, y están más inclinadas a la fantasía del amor y las emociones que al sexo físico. Ya que vivimos en una sociedad tan erotizada, es bueno aclarar que los medios de comunicación influyen para que haya más adolescentes precoces, chicas con mayor interés en las relaciones sexuales, pero con grandes confusiones entre el amor y el sexo. Además, la descomposición actual de la familia genera un vacío emocional para estas jóvenes que, en lugar de encontrar el afecto que papá debería darle a esa edad, lo llenan muchas veces fuera de la familia, en su entorno social, iniciando así su vida sexual con todos los riesgos emocionales y físicos que ese escenario ofrece.

La maduración de los órganos sexuales internos y externos, incluyendo las funciones de las hormonas sexuales, concluye al final de la adolescencia. El interés sexual aparece y aumenta en la mujer en la etapa de los 20 años, cuando inicia su vida de adulta y se presenta la posibilidad de conectarse de forma madura con un hombre y llegar al matrimonio. El disfrute de la vida sexual placentera y las demandas del esposo generan cierto aumento del deseo sexual. Sin embargo, las mujeres alcanzan el máximo de interés o impulso sexual en los últimos años de la década de los 30 y los primeros de la década siguiente. Se especula que esta mayor acogida a su sexualidad no responde del todo a factores biológicos, sino a la combinación de la pérdida gradual de inhibiciones y a una mayor seguridad de ser aceptada y gustar a su compañero.

Ya he señalado que cada mujer es diferente debido a que existen una multiplicidad de factores que influyen en nuestras vidas y nos van modelando de manera muy particular. En ese sentido, la sensibilidad al contacto es una de las cosas más personales e íntimas del ser humano. A cada mujer le toca descubrir junto a su esposo las partes de su cuerpo que responden al toque o estimulación de su cónyuge. No me estoy refiriendo solo a las áreas genitales, sino a todo el cuerpo. Conocer cada aspecto de tu cuerpo y cómo funciona es vital.

Por otro lado, también es importante que respondas estas preguntas: ¿qué impacto tiene tu ciclo hormonal en tu deseo sexual? ¿Qué factores del ambiente o de la interacción con tu pareja potencian o disminuyen el interés sexual? No podrás comunicarle a tu esposo tus necesidades si no tienes un buen conocimiento de tu cuerpo. Tu esposo debe ser un experto conocedor de tu cuerpo, pero recuerda, no puede adivinar, solo tú puedes ofrecerle la información que necesita.

Comunicar sus deseos, necesidades y lo que les gusta en la intimidad suele producir temor, ansiedad y hasta vergüenza en muchas mujeres. Sin embargo, quisiera tranquilizarte si es que te sientes así porque debes saber que la comunicación no tiene que ser solo verbal ni formal. Para muchas mujeres hablar del tema durante la cena o en un desayuno es sumamente difícil, ya que ni saben cómo poner en palabras estos asuntos. Si no estás acostumbrada a hablar de esto con tu esposo, es entendible que te sientas así, pero te animo a que aprendas a comunicarte y lo pongas en práctica poco a poco. Con el tiempo descubrirás que no es tan difícil y cosecharás buenos frutos en la intimidad.

Es muy probable que te estés haciendo esta pregunta: «¿Cómo comunicarme sin hablar y sin que yo tenga que poner el tema?». La respuesta es muy simple: durante el acto sexual expresa si algo te agrada con el movimiento de tu cuerpo o con algún sonido de tu voz. También puedes tomar la mano de tu esposo y guiarla a lugares más excitantes para ti en ese momento. Leer esto puede parecer muy frío o lejano para ti, pero toma en cuenta que durante la excitación sexual te desinhibes, estás más relajada, y eso facilita que puedas comunicarte mejor. Empieza con algo pequeño, un movimiento, un quejido, un sonido intencional y verás qué sucede cuando rompes el hielo.

No se trata solo de conocer tu cuerpo, sino de que también expreses tus necesidades y preferencias. Además, debes estar pendiente de las necesidades y deseos de tu esposo y estar dispuesta a satisfacerlas. La misma experiencia gratificante de la intimidad que va mejorando en el tiempo irá construyendo las expectativas saludables y realistas de cada pareja. No importa el tiempo que tengas de casada, te animo a empezar lo antes posible porque el deseo de Dios para ustedes es que disfruten juntos de este regalo.

DISTRACCIONES QUE BLOQUEAN EL DESEO Y EL RESTO DE LA RESPUESTA SEXUAL

Mente distraída

La forma que tenemos de percibir la vida hace que la mayoría de las mujeres tengamos en la mente muchas cosas a la vez. Esta tendencia nos hace distraernos con facilidad, sobre todo cuando estamos físicamente inactivas. Es muy interesante para mí escuchar las respuestas de mis pacientes cuando les pregunto: ¿adónde se va tu mente cuando estás en el acto sexual con tu esposo? Las respuestas son increíbles, desde hacer la lista del supermercado hasta estar pendiente del niño por si despierta, las cosas que debe hacer al día siguiente o preocupaciones por un familiar enfermo.

Es evidente que nos cuesta poner esos pensamientos a un lado y concentrarnos en el placer sexual. Necesitamos aprender a manejar esas distracciones. Permíteme sugerirte algunas opciones para descargar un poco esos pensamientos que nos distraen. Habla con tu esposo si es que hubiera algo que te preocupa mucho. Hablar es vital para las mujeres porque las ayuda a organizar el pensamiento y calmarse.

Si por alguna razón no puedes hablarlo con tu esposo, podrías intentarlo con una buena amiga o consejera. Otra opción es

RESPUESTA SEXUAL FEMENINA

escribirlo, mejor aún si lo haces en tu diario de oración. Vas delante de Dios, depositas tus preocupaciones en sus manos amorosas y podrás estar más aliviada. Si solo son temas pendientes que no quieres olvidar, no trates de memorizarlos porque no es necesario. Escríbelos en una agenda o libreta y sácalos de tu mente para que esa «alarma mental» deje de distraerte.

La **observación física personal** es una de las distracciones más frecuentes en la mujer durante la intimidad con su esposo. El estar pendiente de cómo luce tu cuerpo o tu piel durante el momento de intimidad es una trampa mental para muchas mujeres. Nuestra cultura nos ha inculcado en gran manera la importancia de la apariencia, no simplemente lucir bien o estar cómoda, sino cumplir ciertos estándares impuestos por la cultura. Por lo tanto, muchas mujeres están más enfocadas en lo externo que en la experiencia íntima con su esposo.

No estoy en desacuerdo con el hecho de cuidar nuestra apariencia dentro de lo posible y saludable y según la condición de cada mujer. Buscar lucir agradable para el esposo es legítimo, pero a lo que me refiero es a una autocrítica excesiva de la apariencia y, en específico, a estar demasiado atenta a tu cuerpo durante el acto sexual. El problema es que esta fijación mantiene tu cerebro distraído y por más que estés siendo estimulada por tu esposo, el cerebro no recibe dicho estímulo y, por consiguiente, no envía la respuesta. Esa distracción exagerada bloquea la respuesta sexual.

Si esto es algo que te sucede, entonces necesitas hacer las paces con tu cuerpo y aprender a tener una actitud de valoración y aceptación de ti misma, no porque seas perfecta, sino porque tu valor no depende de tu apariencia. Recalco que esto no significa que no debamos hacer lo necesario para estar bien presentadas o que abandonemos las prácticas habituales para mejorar y mantener nuestro cuerpo saludable. Lo que aconsejo es que evitemos obsesionarnos tanto que nuestra vida gire en torno a la apariencia externa. Cuando estés en intimidad con tu esposo irelájate!, cierra los ojos si quieres y date permiso para sentir tu piel.

Quizás este tema sea bastante complicado para ti. Tal vez requiera que hables con tu esposo sobre el mismo, le confieses cómo te ves y cómo te sientes al exponerte desnuda frente a él. Es posible que tu esposo no te vea cómo tú te ves y esta actitud sincera de tu parte puede producir un acercamiento que les permita caminar juntos hacia una mayor aceptación de la realidad de tu cuerpo que, con los años, los embarazos, la lactancia, las enfermedades y el simple paso del tiempo, va cambiando. Si descubren que hay cosas que se pueden mejorar, podrán trabajar juntos en eso o aceptar los cambios de ambos y reconocer con gracia el paso del tiempo. Sí quisiera enfatizar que el acto sexual se realiza con el cuerpo, pero lo que le da sentido a la intimidad no son los cuerpos, sino las personas que se involucran y se entregan en ese encuentro íntimo y profundo, tanto físico como anímico, que los vincula cada vez más haciendo de la pareja «una sola carne» (Mateo 19:5-6).

Pendiente del placer de tu esposo sin olvidarte del tuyo

Estar pendientes de cómo se está sintiendo tu esposo durante el encuentro sexual es adecuado porque la excitación aumenta de manera recíproca, es decir, tu propia excitación se acrecienta cuando ves la expresión de placer de tu cónyuge, y viceversa. Sin embargo, debemos tener cuidado en no perder de vista las sensaciones eróticas que se perciben en nuestros cuerpos, ya sea en las zonas erógenas o en otros lugares. El cerebro es el órgano sexual más potente, si deja de recibir estímulo no enviará respuesta sexual;

así que necesitas recibir el estímulo del placer que refleja tu esposo, pero sin descuidar el tuyo.

El factor cansancio

Es bastante común escuchar esta queja en modo de preguntas: «¿Cómo es posible que a mi esposo se le ocurra buscarme para intimidad después de un día tan agotador?». «¿Es que ellos no se cansan?». El cansancio físico y emocional disminuye el deseo sexual de mujeres y hombres sin distinción. La diferencia es que no todos lo manejan igual. Ni hablar del estrés, las preocupaciones, las ansiedades que en este tiempo son tan comunes. ¿Qué hacer cuando no podemos cambiar el curso de la vida, cuando tenemos niños pequeños o cargas laborales o domésticas que parece que nunca acaban?

Me impresionan los malabaristas; de pequeña me preguntaba ¿cómo podían tener control de tantas pelotas en el aire al mismo tiempo? La mayoría se me caerán si intento hacerlo, con suerte termino con una pelota en cada mano. ¿Las demás? Rodando en el suelo... gracias a Dios que no son huevos ni bolas de cristal. ¿Te imaginas si cada bola representara algo valioso para ti? ¿Cómo te sentirías si se caen algunas? Hay mujeres que viven así, como los malabaristas, corriendo por mantener en control más cosas de las que pueden.

¿Sabes cómo aprenden los malabaristas a hacer su acto sin que se les caiga una sola de las pelotas? Empiezan a controlar una pelota a la vez, luego dos y así sucesivamente. Creo que Dios sabe cuántas pelotas podemos manejar en cada temporada de la vida, pero nosotras miramos a la «mujer de al lado» y agregamos más pelotas que solo nos causan tensión, angustia, frustración y un tremendo cansancio. Terminamos el día agotadas, sin energía, como me dijo alguien luego de una larga jornada: «Me duelen hasta los cabellos».

Lo primero que te aconsejaría es planificar tus encuentros sexuales; sí, leíste bien, planifícalos. Sé que esto puede verse raro porque pareciera que puede quitarle espontaneidad al encuentro, pero no es así. Lo que estamos haciendo es regular la agenda y no la dinámica sexual. Lo que estoy sugiriendo es que revises tu semana; observa los espacios en los que te sentirías inclinada a tener un buen momento de intimidad y trata de planificarlos para aprovechar esas oportunidades. La mayor ventaja de la planificación es que podrás hacer los ajustes necesarios el día anterior o el siguiente, por ejemplo, acostarte más temprano para estar más descansada al día siguiente, salir a tiempo de la oficina y darles la cena a los niños más temprano y tener más tiempo libre en la noche.

También es importante que evalúes el origen de tu cansancio. Si descubres que tu vida está muy cargada, es posible que necesites dejar algunas cosas o incluir a otros para que te ayuden, ya sea en casa o en la oficina. Es importante y saludable reconocer que, aunque tengas la habilidad de hacer muchas cosas, eso no significa que las tengas que hacer todas tú sola y sin ayuda. Habla con tu esposo del tema, pídele ayuda y consejo, asigna a tus hijos responsabilidades domésticas y aprende que todo no tiene que estar perfecto. Organiza mejor tu semana en función de tus prioridades, no te recargues y verás que encontrarás tiempo para tener encuentros sexuales sin que se frustren por tanto cansancio.

Te invito a reflexionar en cómo puedes simplificar tu vida, planificar lo importante, aprender a decir «no» cuando sea necesario, de manera que encuentres la energía para hacerles frente a tus días cargados y no termines sin aliento mientras glorificas a Dios. La planificación también permite que reserves energía para tu vida matrimonial. ¡No le des a tu esposo las sobras de tu tiempo! Ciertamente el mundo no gira en torno a él, pero es la prioridad siguiente después de tu relación con Dios. Sé intencional en tener días menos cargados, en los que dejas de lado algunas cosas de menos importancia. Así podrás estar menos cansada y más presente con él, no solo para disfrutar un encuentro sexual, sino simplemente para tener un momento y relajarse juntos.

Cuida tu descanso físico y emocional. Evaluar la cantidad y la calidad de tu sueño es muy importante. Hay períodos en la vida de la mujer en que poder dormir bien es un reto, ya sea por el embarazo, la lactancia o la menopausia. Esto sin mencionar las situaciones familiares, laborales y matrimoniales que pueden presentarse. Dormir bien es importante para poder funcionar al día siguiente.

Hacer ejercicio físico y tener una buena rutina de sueño que incluya detener las actividades y las pantallas dos o tres horas antes de acostarse, e irse a la cama a la misma hora cada noche, con o sin sueño, podría ayudarte a mejorar tu rendimiento. Cada vez que aconsejo esto, siempre hay alguna mujer que me pregunta: «Y si no tengo sueño, ¿qué hago?». Bueno, leer un libro impreso (no pantallas) con la luz de la mesita de noche o poner música relajante ayuda mucho. Pero mejor aún es leer la Biblia impresa o un libro cristiano, escribir en tu diario devocional, apagar la luz y orar.

Más allá de cualquier técnica o planificación, la verdadera cura del cansancio se encuentra en Dios. Lo menciono al final, no porque sea lo menos importante, sino porque en su presencia todas las piezas que he descrito se colocan en su lugar. La vida en esta tierra es agotadora por definición, pero en Cristo podemos descansar dejando que su agenda guíe nuestros pasos. Jesús tiene un llamado muy prometedor para ti. Él dijo: «Vengan a Mí, todos los que están cansados y cargados, y Yo los haré descansar. Tomen Mi yugo sobre ustedes y aprendan de Mí, que Yo soy manso y humilde de corazón, y HALLARÁN DESCANSO PARA SUS ALMAS» (Mateo 11:27-29).

Dios sabe la situación en que te encuentras y tiene una agenda diaria para ti que estoy segura de que será más gratificante y significativa que la nuestra. Él nos coloca en ciertas situaciones para que cuando descubramos que no hay salida frente a nosotras miremos hacia arriba y, dependiendo de Él, nos rindamos en sus brazos y descansemos.

A Dios le importa la vida sexual de tu matrimonio, la diseñó para que tenga un efecto positivo en tu relación y está dispuesto a ayudarte para reenfocar esa área en tu vida. No es casualidad que una buena relación sexual relaje y produzca un sueño profundo. Es probable que si aprendiéramos a ver la intimidad sexual como Dios la ve, la cuidaríamos más y cosecharíamos el fruto de la conexión y complicidad que trae consigo.

Así que, descansa en Dios, lleva delante de su presencia tu agenda, ansiedades y preocupaciones, y experimenta su guía. Es posible que necesites detenerte por unos días, bajar la intensidad y organizarte mejor. Deja fuera algunas cosas superfluas para que tu agenda refleje tus prioridades y no parezcas un aprendiz de malabarista tratando de mantener en el aire más pelotas de las que realmente puedes controlar.

Como cristianas, el objetivo no es ser mediocres o no hacer nada; la pereza es pecado. De lo que se trata es de cumplir su propósito con su fortaleza y sabiduría. Habrá días que terminarás cansada, pero satisfecha porque estás descansando en Él mientras avanzas. Esos días extenuantes deben alternarse con los de descanso físico que permitan recargarnos y seguir corriendo la buena batalla.

Por lo tanto, el objetivo es el equilibrio que solo se encuentra con la sabiduría que obtenemos al obedecer su Palabra. No escatimes tiempo para meditar en la Palabra de Dios. Escudriñar las Escrituras es vital para encontrar el camino seguro por donde debes avanzar. Permite que su Palabra sea la brújula que te guíe y no las voces de la cultura de este mundo. Nosotras pertenecemos a otro reino, ¡que la cultura del cielo venga a nuestras vidas!

Miedo o vergüenza de expresar lo que sientes, te desagrada o necesitas

La vida en este mundo caído produce personas inseguras, llenas de temores. El pecado ha hecho que habitemos en familias disfuncionales aprendiendo a vivir con temor y vergüenza. Si creciste en un ambiente donde la educación sexual era inadecuada y hasta inexistente, ya sea porque no se hablaba en absoluto o porque lo que se hablaba era errado o de forma negativa, me imagino lo difícil que debe ser para ti hablar de sexo con tu esposo. Es posible que no sepas por dónde empezar, ni cómo poner en palabras lo que sientes o anhelas.

Lo que les recomiendo a las parejas, previo al matrimonio, es que hablen de sexo con frecuencia, y que con posterioridad lo hagan antes, durante y después del acto sexual. No es que deban hablar cada vez que tengan un encuentro sexual, sino que se animen a aprender a hablar con naturalidad de sus vivencias y expectativas desde el inicio de su vida sexual. Esto no es lo más común hay mujeres que nunca hablan ni estarán dispuestas a hablar del tema con sus esposos.

Algunas me han dicho en el consultorio: «Hay toques que mi esposo realiza que me encantan y otros no tanto». Cuando les pregunto si se lo han dicho a él, me contestan que imaginan que lo sabe, pero cuando le pregunto al esposo si sabe a qué se refiere su esposa, algunos dicen que sí, otros más o menos, pero todos quisieran que sus esposas se lo dijeran. Una vez un esposo se volteó a mirar a su esposa y le dijo: «Y ¿por qué no me lo dices?»; luego me miró y agregó: «Me gustaría saber qué siente mi esposa cuando la toco». Para los hombres es muy gratificante saber el efecto de sus caricias en su esposa. Lograr verbalizarlo es difícil para algunas mujeres, con lo cual es posible que estén perdiendo la posibilidad de potenciar el placer en determinado momento del encuentro sexual.

Ya he dicho que es sumamente importante que le comuniques tus deseos a tu esposo. Me parece importante que evalúes el efecto que produce no comunicar algo que te molesta. Imagina por un momento que no has comunicado algo que realmente te desagrada. Supongo que cuando se inicia el acercamiento, tu mente empieza a bloquearse pensando en aquello que te desagrada. Si es ese tu caso, te animo de todo corazón a romper el secreto hablando con tu esposo. Si no sabes cómo decirlo en una conversación, pudieras escribirlo como una carta, no para entregarla, sino para organizar tus ideas, tratando de ser específica en lo que te desagrada y mencionando también las cosas satisfactorias que vives en la intimidad con él. Lo importante es que le expreses tu intención de mejorar la intimidad de ambos. Si te parece muy complicado, busca ayuda con alguna consejera de experiencia o terapeuta que te ayude a poner en palabras tus ideas.

Lo más importante es que ores al Señor, Él te guiará y preparará el corazón de tu esposo. No lo postergues, no te acostumbres a esconderles tus molestias sexuales a tu esposo. Hablar estos temas con él no debe avergonzarnos; recuerda que las relaciones sexuales en el matrimonio fueron diseñadas por Dios para nuestro disfrute, al tiempo que fortalece la conexión de la pareja. Si deja de existir el disfrute en ambos miembros de la pareja, la conexión se dificulta. Te animo a cuidar tu vida íntima siendo transparente con tu esposo. Cultiven un espacio seguro donde puedan hablar con confianza.

Niños en la habitación y temor a ser sorprendidos por los hijos

Cuando llegan los hijos al matrimonio, se inicia una nueva etapa muy hermosa y que requiere mucho esfuerzo en la vida familiar. Muchas familias hacen dormir en la habitación al bebé durante los primeros días o meses de nacido. Esto resulta comprensible debido a las demandas de atención del recién nacido y al agotamiento de la madre. Sin embargo, si esta situación se extiende más de lo debido en el tiempo, se convierte en un obstáculo para el descanso y la vida íntima de la pareja. Mucho se ha hablado de la necesidad de apego del bebé en los primeros años de vida y, al mismo tiempo de la necesidad de autonomía que debe ir desarrollando. Encontrar el equilibrio en cada caso plantea un reto para la pareja con cada hijo, pero es necesario que los esposos sean intencionales en definir los límites saludables en el sistema y la vida familiar.

En términos generales, cada persona debe dormir en su habitación y en su propia cama. Los niños necesitan aprender que son seres separados de mami, no una extensión de su cuerpo, por mucho que se amen. Los esposos deben recuperar su privacidad lo antes posible, no solo para vivir la intimidad sexual, sino para tener un espacio de pareja que necesitan de forma legítima para fortalecer su relación. La relación marital es la base de la familia y debe ser fortalecida en la medida en que pasa el tiempo y la familia crece.

Entiendo que para muchas familias es difícil ofrecer las condiciones necesarias para que cada miembro tenga privacidad en casa.

Sin embargo, con algo de esfuerzo y creatividad se pueden conseguir muchos avances. Por otro lado, he conocido familias en las que el hijo duerme en la habitación de los padres sin ser necesario, solo por comodidad o complacencia. El manejo inadecuado de los límites con los niños traerá consecuencias en su desarrollo psicoemocional y afectará la dinámica de la pareja.

Uno o más niños en la habitación de los esposos genera un bloqueo en la respuesta sexual femenina. Pensar que el niño pueda despertar y los sorprenda atemoriza a la mujer y bloquea su deseo sexual. Necesitamos que ellos duerman en su habitación, que la puerta de la alcoba de los esposos esté cerrada y que los niños no la puedan abrir.

Si estás en medio de esta situación, es prioritario que hables con tu esposo del tema y busquen solucionarlo juntos. Anímate pensando lo relajante y excitante que será recuperar el espacio privado para los dos solos.

Conflictos no resueltos en el matrimonio

Los conflictos en el matrimonio pueden ser frecuentes; su permanencia depende, en gran medida, de la capacidad que tenga la pareja de manejar sus desacuerdos. Deben procurar aprender a comunicarse y tratar los desacuerdos sin que lleguen a convertirse en conflictos. Una pareja de pecadores casados llegará a tener conflictos en este mundo caído, pero lo siguiente a la aparición de estos es resolverlos y reconciliar la relación.

Los resultados de un estudio realizado en España con parejas en problemas afirman que existe una relación entre los conflictos maritales y la respuesta sexual negativa en la mujer. Encontraron que todas las mujeres que participaron en dicho estudio presentaron «alteraciones en diferentes proporciones en todas las fases de la respuesta sexual, puesto que todas, sin exclusión, sienten su relación como insatisfactoria».[1]

Los conflictos que dejan de resolverse, no solo producen mucho malestar, sino también van generando desconexión en la pareja. No debe sorprendernos que bloqueen la respuesta sexual, ya que se trata de un espacio de conexión íntima que trasciende lo físico. La mujer tendrá dificultades para relajarse y responder a la interacción sexual cuando está en conflicto con su esposo. Este es un tema relevante que no debe ser puesto a un lado ni ignorado; no debemos continuar adelante como si no existiera. Sin embargo, debe tratarse con cuidado, ya que un conflicto no resuelto, mal manejado, puede devenir en un problema mucho mayor e innecesario. Si este es tu caso, te invito a reflexionar y evaluar cuál es ese conflicto, o cuáles, y si les está afectando también en su dinámica matrimonial y, por ende, en la sexual. Tal vez necesites hablar con alguien de confianza y experiencia que te ayude a ver la situación desde otro punto de vista y puedas aprender cómo enfrentar mejor este malestar.

Razones físicas (orgánicas)

Aunque este libro no es un tratado de sexualidad femenina, creo que es importante mencionar que existen causas orgánicas, es decir, situaciones que ocurren en nuestro cuerpo que podrían bloquear la respuesta sexual y que generan disfunciones que son enfrentadas por muchas mujeres. Las mismas pueden ser tratadas mediante la asistencia de un terapeuta sexual con el apoyo de algunos especialistas del área de la salud, como ginecólogos, endocrinólogos, psiquiatras y otros especialistas. La buena noticia es que son tratables, solo requieren que la paciente asuma un compromiso con el proceso terapéutico y sea intencional en llevar a cabo todas las tareas asignadas por su terapeuta.

Entre las disfunciones sexuales femeninas más frecuentes se encuentran: deseo sexual hipoactivo (disminución del deseo sexual), trastorno de la excitación, trastorno orgásmico (anorgasmia) y trastorno por dolor sexual. Cada una de estas disfunciones están descritas y la terapia sexual ha desarrollado tratamientos para las mismas. Por otro lado, pueden presentarse situaciones de salud de otra índole, como enfermedades genitourinarias, trastornos hormonales o del sistema nervioso, del músculo esquelético y trastornos emocionales que también pueden afectar de manera indirecta la respuesta sexual de una mujer. Dios nos dio cuerpos que originalmente eran perfectos, pero el pecado, luego de la caída, generó disfunciones y desconexiones. Por lo tanto, nos toca cuidarnos, confiar en el Señor y buscar asistencia médica cuando sea necesario. Así podremos disfrutar de nuestros matrimonios mientras cumplimos sus propósitos.

Expectativas correctas (realidad)

Supongo que finalmente debes estar preguntándote: «¿Qué esperar de mis encuentros sexuales?». «¿Habrá un estándar para medir si estoy bien?». Los encuentros íntimos de cada pareja son únicos porque, como he dicho, la dinámica de cada uno de ellos es definida por sus personalidades y preferencias y, además, por el estado emocional que puedan estar atravesando.

Cuando una persona piensa en relaciones sexuales tiene una idea de lo que le gustaría experimentar y de aquello que no le parecería agradable. Estas expectativas están relacionadas con la información que hemos recibido a lo largo de los años. Eso hace que existan expectativas conscientes e inconscientes y empecemos a evaluar la experiencia. Sería recomendable identificar esas expectativas y hablar del tema con tu esposo, ya sea que se cumplan o no. Es muy probable que escuchar que te sentiste satisfecha en uno o varios aspectos de la dinámica sexual sea muy gratificante para tu esposo. Por otro lado, es importante verbalizar las necesidades o deseos no satisfechos, así como poder escuchar también las expectativas y frustraciones de tu esposo. La vida sexual saludable es aquella en la que ambos miembros de la pareja se sienten satisfechos. Eso no significa que haya que complacer todo lo que el otro quiera, sobre todo si es algo que consideramos pecaminoso; más bien se trata de encontrar un espacio donde cada uno pueda sentirse comprendido y conectado según la necesidad de ese momento.

Las expectativas sobre la intimidad están muy conectadas con la satisfacción sexual en términos emocionales, por lo cual resulta complejo determinar qué es lo que le corresponde a cada persona en específico. En términos generales, la mujer espera sentirse aceptada, percibir que su esposo se siente atraído hacia ella, que tiene la disposición para complacerla y permitirle expresar sus sentimientos con libertad.

De forma más específica, podría definirse la expectativa en términos de frecuencia, tiempo adecuado en el preámbulo y poder llegar a disfrutar de un orgasmo. Sin embargo, debemos señalar dos elementos que condicionan dicha satisfacción. En primer lugar, cada relación sexual es única, ya que la vida cotidiana y sus circunstancias influyen y tienen un impacto al momento de estar en intimidad. Por otro lado, alcanzar algunas metas en cuanto a la satisfacción sexual requiere tiempo, buena comunicación y práctica.

Ya hemos mencionado el profundo impacto que han ocasionado los medios de comunicación en el entendimiento de la sexualidad en las adolescentes. Pero esta falsa percepción no queda reducida a las jovencitas. Las producciones cinematográficas han generado expectativas sexuales irreales en muchas personas, sobre todo con respecto a la duración de la erección en el hombre y al ajuste sexual que parece instantáneo. El hecho de que una pareja sienta una fuerte atracción, no supone que todo será perfecto de manera automática desde la primera vez, aunque puede suceder. Sin embargo, la realidad es que con la confianza, la práctica y el tiempo es que logramos sentirnos cada vez más satisfechos e inter-conectados con nuestros esposos.

Las expectativas sexuales se van ajustando con el tiempo; cada mujer va descubriendo su cuerpo, su respuesta, sus preferencias y las de su cónyuge en la medida que experimenta y disfruta la inti-midad. De hecho, he observado que las expectativas de algunas mujeres fluctúan de acuerdo con la etapa de sus vidas y las situa-ciones que enfrentan. Muchas mujeres me han comentado que, en ocasiones, van a la intimidad con la intención de un encuentro cálido, interesadas en complacer a su esposo y con bajas expec-tativas respecto a su propio orgasmo. Para los hombres esto es chocante; algunos me han preguntado: «¿Puede una mujer satisfa-cerse sexualmente sin orgasmo? ¡Imposible!». Quisiera aclarar que sí lo es, pero no debe ser la norma. Esto se puede explicar por-que las mujeres son más emocionales y, en ocasiones, tienen una mayor necesidad de cercanía y afecto que de sensaciones sexua-les intensas. Algunas refieren que no han vivido esta experiencia sin orgasmos, pero que los mismos son de menor intensidad. Lo que sí está presente es un sentido de satisfacción emocional muy profundo. Como hemos visto, el tema emocional en las mujeres hace que sus expectativas fluctúen, algo que no es tan frecuente en el hombre.

Como ves, el disfrute sexual depende de una serie de facto-res tanto físicos como emocionales. La respuesta sexual no es automática y puede ser potenciada o bloqueada. Cada mujer debe aprender a reconocer aquello que influye en cada etapa de su matrimonio. Uno de los factores de mayor impacto en la respuesta sexual femenina es la dinámica marital, la manera en que fluye la convivencia con los esposos. En el próximo capítulo trataremos este tema de manera detallada.

CAPÍTULO 4

LA CONEXIÓN EMOCIONAL Y SU IMPORTANCIA EN LA DINÁMICA SEXUAL

> «Y conoció Caín a su mujer, y ella concibió y dio a luz
> a Enoc...».
>
> *(Génesis 4:17)*

El afán nos envuelve no solo por la agenda agitada que nos mantiene ocupadas, sino también por los interminables imprevistos. Sin lugar a duda, eso afecta nuestra mente y emociones. Todas las presiones, problemas y conflictos que enfrentamos en la cotidianidad afectan nuestro comportamiento en general y también nuestra conducta sexual.

El comportamiento personal es impulsado por los sentimientos que se experimentan en un momento dado. Cuando se logra cambiar el sentimiento, entonces la conducta se modifica. Ahora bien, alterar los sentimientos no es algo tan sencillo como cambiar de vestido, ya que cualquier modificación está directamente influenciada por el pensamiento. La forma en que pienso sobre cualquier situación o estímulo que enfrento provoca un sentimiento que, a su vez, genera una conducta.

La conducta sexual es influenciada por la forma en que piensas, no solo sobre el sexo, sino también sobre tu pareja y la manera en que interactúas con él en la cotidianidad. Por ello es importante reflexionar sobre nuestra dinámica marital/relacional; la forma en

que vivimos, nos comunicamos, tomamos decisiones, compartimos las rutinas; el sentido presente o ausente de compañerismo;
la complicidad y, al mismo tiempo, el disfrute de las diferencias y
los complementos que definen a cada uno.

La vida cotidiana de una pareja es el terreno sobre el que se
construye y fructifica la conexión matrimonial. La vida es más llevadera en la medida en que conocemos y nos conectamos cada
día más con nuestro cónyuge. Seguiremos siendo diferentes,
podremos percibir la realidad con una óptica distinta, tener personalidades y gustos diferentes, y hasta celebrarlo. Una conexión
profunda es la base de un matrimonio exitoso y no la ausencia de
problemas. Estar bien conectados facilita el manejo de los conflictos porque permite que puedas ser empática, estar más atenta a
su punto de vista, ponerte en su lugar y entender los sentimientos
de cada uno.

Muchas mujeres se quejan de que no pueden entender a
sus esposos, por lo que viven en permanente zozobra. Suelen
estar pendientes de actitudes o formas de ser que interpretan
como negativas y desean profundamente que ellos cambien.
Es posible que tu esposo tenga cosas que mejorar, pero la pregunta que yo quisiera hacerte es si tu rol es lograr que cambie.
Lo cierto es que no podremos hacerlo, aunque lo queramos.
Esta expectativa insatisfecha genera una lucha en la vida diaria de muchas mujeres, afectando la dinámica conyugal con su
esposo. Puede que esa actitud explique el hecho de que vivas
tensa, molesta, irritable en tu afán diario, mientras tu esposo,
ajeno a esas luchas, está de lo más tranquilo (lo que te irrita y
te desanima aún más).

¿QUÉ HACER SI NO LO PUEDO CAMBIAR?

¿Qué tal si te enfocas en alguien que sí puedes cambiar? ¿Has pensado en la posibilidad de que la dinámica disfuncional de tu matrimonio no solo dependa de tu esposo? Puede que sea tiempo de dejar de estar gastando tanta energía en ver solo lo negativo en él y empieces a evaluarte delante de Dios. El matrimonio es un espacio de crecimiento en el que es necesario revisarnos con honestidad y evaluar si la forma, frecuencia e intensidad con que señalas lo negativo en tu esposo, lo aleja más de ti en vez de ayudarte a conectar con él. Recuerda que puedes tener la razón sobre un punto y perder la conexión y la cercanía con tu esposo por la forma en que lo planteas.

Con frecuencia me doy cuenta de que defino el bienestar en términos muy personales, como si la vida se tratara solo de mí y no de Dios. Nuestro corazón egoísta nos hace perder de vista lo importante de nuestra relación matrimonial: Dios nos une a la persona específica con un propósito que apunta a la eternidad, porque coopera para formarnos a la imagen de Cristo. El propósito de nuestro matrimonio es la gloria de Dios, lo único que satisface realmente nuestra alma.

Sin embargo, no estamos hablando de una tarea fácil. Nuestro pecado estorba tanto ese proceso divino que, en lugar de vernos a nosotras mismas, tendemos a ver el pecado del otro. Esto lo advirtió Jesús con mucha claridad:

> ¿Y por qué miras la mota que está en el ojo de tu hermano, y no te das cuenta de la viga que está en tu propio ojo? ¿O cómo puedes decir a tu hermano:

> «Hermano, déjame sacarte la mota que está en tu
> ojo», cuando tú mismo no ves la viga que está en
> tu ojo? ¡Hipócrita! Saca primero la viga de tu ojo y
> entonces verás con claridad para sacar la mota que
> está en el ojo de tu hermano. (Lucas 6:41-42)

Me encanta lo equilibrada que es la enseñanza bíblica cuando nos dice que primero debemos sacar «la viga» que está en nosotras. Esto no significa que el otro no tenga algún pecado que debamos confrontar, sino que debemos priorizar el examen de nuestra condición y sanarla antes de confrontar lo que vemos en nuestro cónyuge. Este orden es muy útil porque, en primer lugar, nos ayuda a asumir lo que nos corresponde a nosotras delante de Dios y, al pasar por ese proceso, estamos en mejores condiciones para actuar con empatía con nuestro esposo, pues nos recuerda que nosotras también pecamos y no somos mejores que ellos. Nos coloca en una posición que nos permite amar como fuimos amadas por Dios, que nos perdona, transforma y nos da una nueva oportunidad.

La cultura contemporánea nos empuja a priorizar el sentirnos bien. Si algo nos molesta, tendemos a pensar que el problema no está en mí, sino en el otro. No es frecuente pensar que el camino lo debemos limpiar nosotras mismas, que el problema está en mí, que la forma de ver la vida está nublada por mi pecado, como un trozo de madera en los ojos o una mancha en los lentes. Somos tan egoístas que vemos sucia la ropa del otro y no una suciedad en nuestros lentes. El egoísmo nos nubla la percepción de la vida y de la condición de nuestro corazón.

El mundo nos enseña a vivir centradas en nosotras mismas a cualquier costo. Creemos que nuestro cónyuge es el que necesita ayuda, pero somos nosotras las que la requerimos; necesitamos ser libradas constantemente de nuestro egoísmo. De lo contrario, tu matrimonio y tus hijos sufrirán las consecuencias. Además, seguirás insatisfecha, y vivirás agotada y casi sin esperanza.

Una dinámica marital deficiente y sin conexión impacta la vida de todos en casa. Te animo a acercarte a Dios en arrepentimiento, admite tus pecados delante de Él y sin temor. Dios te conoce muy bien y está listo para perdonar, transformarte, brindarte su gracia y hacerte libre para amar a tu esposo.

¿CÓMO MEJORAR LA CONEXIÓN?

Tanto tu vida espiritual de relación con Dios como la conexión emocional con tu esposo se cultivan en la cotidianidad, en las rutinas de la vida. Necesitamos ser intencionales para aprender a conectar como pareja. Debemos estar pendientes de nuestro esposo, pero no me refiero a perseguirlo hasta ahogarlo o tratarlo como un niño dependiente, sino a considerarlo, hacerlo sentir amado y priorizarlo. Considera los siguientes consejos prácticos para mejorar la conexión:

1. Desarrollar una vida espiritual en conjunto es lo más importante. Lean la Biblia juntos y compartan sus enseñanzas y aplicaciones personales. Alaben al Señor juntos, asistan a la iglesia y procuren servir en algún ministerio. Oren el uno por el otro en voz alta. Cuando oramos expresamos nuestras necesidades más profundas, aquellas que posiblemente no seamos capaces de expresárselas a nadie. Orar juntos

conecta a los esposos espiritualmente, y promueve la gratitud y la fe cuando las oraciones son contestadas.

2. Procurar mejorar la comunicación en ambos sentidos. Presta atención real cuando tu esposo te hable. Detente, contesta, sonríe, muestra interés preguntando y entrega tu opinión. Nunca lo ignores. Si estás ocupada, en medio de algo, comunícalo, pide un tiempo y luego acércate a escuchar. De la misma manera, busca los momentos para conversar y poder decir lo que piensas y sientes.

3. Tomar tiempo para conocerse mejor. Escuchen, por ejemplo, sus anécdotas de la infancia, descubran el porqué les gusta una comida en particular o un lugar de descanso. De seguro habrá mucho terreno todavía por explorar y conocer en la vida de cada uno.

4. Desarrollar *hobbies* juntos. Pasen tiempo realizando alguna actividad juntos. Podría ser desde servir en la iglesia hasta caminar, cocinar, ver películas, visitar lugares, practicar juegos de mesa o hacer algún deporte. No significa que deban tener los mismos gustos y hacer todo juntos, sino que encuentren alguna actividad que puedan realizar juntos y disfrutarla.

5. Cultivar el buen humor. Busquen tiempos de conversación distendida cuando compartan chistes y ocurrencias del día a día. Si, por ejemplo, escuchas un chiste durante el día o encuentras algún video divertido, recuérdalo para contárselo o guárdalo para verlo junto a tu esposo y así puedan reír juntos.

6. Satisfacer las necesidades de tu pareja de manera práctica. Ten pendiente pequeños detalles que sabes que a él le agradan, aprende a disfrutar el servirle sin esperar nada a cambio. Disfruta también los detalles de tu esposo.

7. Mostrar tu gratitud con palabras y actitudes cuando tu esposo haga algo por ti, por muy sencillo que sea. Nunca pienses que te mereces lo que recibes y acepta también con entusiasmo la gratitud de tu esposo.

8. No perder la oportunidad de halagarlo con sinceridad, expresar tu admiración y aplaudir sus logros. Debes tener la seguridad de que tus palabras tienen el poder para llegar a un lugar muy profundo en su corazón. No creas que él lo sabe, que no necesita tus halagos, que se lo has dicho antes o que ya otros se lo han dicho. Tus palabras tienen un valor muy especial para él. No pienses que, porque no reacciona o no muestra emoción, no le está llegando.

9. No dejar de soñar juntos. Descubran sus anhelos. Dediquen tiempo a escuchar los sueños de uno y del otro, así suenen muy descabellados o inalcanzables. Se necesita de un buen grado de confianza para expresar algo tan personal.

10. Aprender a celebrar las diferencias en lugar de atacarse o generar tensión por ello. Las diferencias nos pueden ayudar a ser un equipo y complementarnos mejor. Nuestro carácter madura cuando compartimos la vida aceptando las diferencias de los que nos rodean. Por ejemplo, el que tu esposo vaya por la vida de manera más pausada que tú puede convertirse en un buen entrenamiento para ejercitar la paciencia.

CONEXIÓN EMOCIONAL E INTIMIDAD SEXUAL

Cada vocablo es importante en la Palabra de Dios. Desde el principio, en el libro de Génesis, leemos cómo el Señor expresa su propósito al utilizar el término «conocer» para referirse al acto sexual (Génesis 4:17). Dios diseñó la intimidad sexual como un medio para que los casados se conecten de manera tan profunda como no lo harían con ninguna otra persona. Cada vez que tienes intimidad sexual con tu esposo, entras en un espacio emocional de conocimiento mutuo profundo. Una experiencia secreta, exclusiva de ustedes dos, pero que no será posible ni plena si la conexión emocional está afectada.

Puede que tus pensamientos con respecto al sexo en general sean saludables y adecuados. Quizás solo tengas necesidad de encontrar respuestas para algunas inquietudes que no afectan la idea que tienes de las bondades del placer sexual en el matrimonio. Sin embargo, de forma consciente o inconsciente rechazas la idea del disfrute con tu cónyuge. Esto se debe a que cada relación sexual es una expresión emocional profunda y espontánea de la vida cotidiana de los esposos. Los temores, heridas, conflictos no resueltos, la falta de conexión emocional «se van a la cama» con la pareja e impactan la respuesta sexual, sobre todo en las mujeres.

Dios diseñó a la mujer más sensible y emotiva; nos cuesta mucho separar los temas pendientes que influyen en nuestros pensamientos durante el tiempo de intimidad sexual. He conocido mujeres que reportan haber tenido una vida sexual satisfactoria en el pasado, pero luego de ciertas experiencias conflictivas en el matrimonio han perdido casi por completo el interés en la intimidad sexual.

Como ya lo he mencionado, la interacción sexual es una respuesta a estímulos que llegan primero a nuestra mente. El cerebro envía la respuesta sexual a todo el cuerpo en la medida en que la estimulación se mantiene. Si esta se bloquea por alguna razón y el cerebro no la recibe, no llegará la respuesta. Una vez más, tu cerebro y tus pensamientos juegan un papel imprescindible para el disfrute sexual. Tu mente tiene que estar conectada con lo que ocurre en el presente, con la estimulación que tu esposo te entrega y con tu disposición a participar por completo en el juego amoroso. Si por el contrario tu mente divaga pensando en los conflictos maritales presentes o pasados, en opiniones negativas o prejuicios con respecto a tu esposo, entonces tu cerebro no percibirá la estimulación sexual, ya que estos pensamientos bloquean su recepción.

Muchas de las mujeres que recibo en consulta con deseo sexual hipoactivo (disminución del deseo sexual) presentan disfunciones en el área marital. Puede que además tengan alguna situación de índole física en sus genitales, pero he observado que la dinámica marital disfuncional es la afección que está presente en la mayoría de los casos. Esta situación no afecta en igual medida e intensidad a muchos esposos. En ellos el deseo sexual es con frecuencia más intenso y, por su manera de ver la vida, pueden separar, de alguna forma, su vida sexual de otros aspectos de su relación o de sus vidas. Esto podría cambiar si la situación es grave o muy significativa para ellos. Esa realidad, poco entendida por las mujeres, potencia aún más el malestar al no sentirse comprendidas, sino presionadas a un encuentro sexual no deseado, lo cual agudiza el malestar y les genera pensamientos negativos, incluso en medio de la intimidad, a tal punto que bloquean el deseo y, por lo tanto, el disfrute sexual.

EL MANEJO DE LOS CONFLICTOS

Una esposa me dijo entre lágrimas: «¿Cómo es posible que este hombre, después de la discusión que tuvimos, de las cosas que me dijo, quiera buscar intimidad en medio de la noche? Yo todavía estoy tratando de procesar sus argumentos, sus expresiones... no se me ocurre ningún contacto físico, y ¡él como si nada!». Luego agregó: «¡No puedo entender cómo puede desear estar cerca de mí!».

Esas palabras encierran mucho dolor, ansiedad y confusión. Los conflictos mal manejados que no llegan a ningún arreglo generan malentendidos, predisposiciones negativas que terminan separando a la pareja. Durante las sesiones con ambos esposos descubrimos que ignoran mucha información debido a una comunicación deficiente. En realidad, ellos estaban asumiendo subjetivamente lo que el otro cree o piensa y, a partir de eso, respondían en el día a día. No se perciben como un equipo, sino casi como contrincantes desconectados. Manejar un malentendido en esa situación resulta muy complicado.

Con frecuencia se toma el problema como un ataque personal, por lo que es doloroso cuando se percibe que solo es eso y no una conducta, una decisión o una situación que quizás no se manejó de la mejor manera. Ya no se trata solo de remediar el daño y seguir adelante, sino que se acumula el malestar y la mente empieza a generar pensamientos negativos defensivos, ya sea sobre el cónyuge, el matrimonio o de descalificación personal.

El manejo de los conflictos en el matrimonio es un tema siempre relevante. Debes haber leído o escuchado sobre esto antes. He aprendido que en realidad no son buenos ni malos en sí mismos. Lo que hace que los conflictos se tornen negativos es la manera en que los abordamos. No solo eso, sino que son una gran oportunidad, así como lo lees, porque ofrecen un espacio para que la relación entre los esposos profundice su conexión. Pero para eso es necesario que tengamos una perspectiva correcta de los conflictos.

La Biblia enseña que el origen de los conflictos está en tus deseos y anhelos más profundos. Santiago lo describe así: «¿De dónde *vienen* las guerras y los conflictos entre ustedes? ¿No vienen de las pasiones que combaten en sus miembros? Ustedes codician y no tienen, *por eso* cometen homicidio. Son envidiosos y no pueden obtener, *por eso* combaten y hacen guerra» (4:1-2).

El pecado que habita en nuestra carne vive gestando luchas internas a través de nuestras pasiones y deseos. Percibimos que estamos amenazadas cada vez que sentimos que algo valioso para nosotras está en peligro, se nos nubla el entendimiento o nos colocamos en una posición de combate, como si fuéramos de un equipo diferente al de nuestro esposo. Basadas en nuestros deseos, en peligro, nos armamos para la batalla.

¿Cuál es el verdadero problema?

Sería muy bueno que utilizáramos esa energía que vamos acumulando para combatir el verdadero problema. Algunas mujeres me han dicho que no saben qué hacer con su matrimonio, lo encuentran sumamente difícil, el mayor problema es su esposo y terminan expresando todos sus argumentos a veces con desesperación y con mucho dolor. No estoy planteando que los esposos no aporten nada al conflicto, que no tengan nada que solucionar o pecados que confesar; sin embargo, te invito a que por un momento pienses en ti, en la forma en que reaccionas cuando alguna situación o propuesta interrumpe tus planes y surge un desacuerdo.

La tendencia natural es atacar a la persona en lugar de enfocarnos en el desacuerdo y reconocer la razón para ese malestar que experimentas. No sé si te has dado cuenta, pero con frecuencia la razón por la que entramos en conflicto es de poca importancia. No digo que siempre sea así, porque hay temas importantes que pueden llevarnos a conflictos. Sin embargo, la mayoría de los temas que generan dificultades en la vida diaria son a veces irrelevantes. Lo relevante, entonces, es la forma en que los manejamos, la irritación, la falta de respeto y la ofensa que provocan. No olvides que somos una sola carne y cuando le haces daño al carácter de tu esposo, no solo lo ofendes a él, sino también a Dios y finalmente a ti también.

Hay terapeutas conyugales que plantean que lo importante no es tanto que una pareja carezca de conflictos, sino cómo se manejan. John M. Gottman en su libro *Siete reglas de oro para vivir en pareja* habla de este tema. Él explica que hay señales que se identifican en el manejo de los conflictos y que definen el efecto que producirán en la dinámica de las parejas. Entre estas señales encontramos el planteamiento violento del problema, la crítica, el desprecio, la actitud defensiva y evasiva, el lenguaje corporal, entre otros.[1] Las mujeres sabias aprenden a manejar los conflictos en sus matrimonios porque es una tarea muy productiva y necesaria.

La forma en que respondes al conflicto revela lo que hay en tu corazón y muestra lo que es realmente importante para ti. Te animo a que descubras cuán provechoso es reflexionar en tus respuestas al conflicto en lugar de lanzarte primero a criticar a tu esposo y empezar una batalla marital.

Pregúntate:

- ¿Qué fue lo que realmente me molestó?
- ¿Qué pensamientos llegaron a mi mente al inicio de la conversación?
- ¿Eran ciertos o asumidos esos argumentos?
- ¿Me di la oportunidad de escuchar a mi esposo sin estar pensando en qué contestar?
- ¿He pensado alguna vez que podría estar equivocada?

¿Sabes? A veces podrías tener toda la razón, pero perderás por la forma en que enfrentas el conflicto. En una ocasión una mujer me dijo: «Es que tengo que gritarle porque solo así entiende». El esposo, sentado a su lado, estuvo a punto de retirarse del consultorio. Tengo que reconocer que él no le prestaba mucha atención a la esposa, pero la forma adoptada por ella solo terminaba agravando la dinámica.

La falta de respeto no se justifica nunca. Toda persona merece respeto solo por existir, toda persona es portadora de la imagen de Dios. Faltarle el respeto a tu esposo es pecado (Efesios 5:33), daña tu relación de pareja, lesiona sus sentimientos y se va abriendo una grieta en su corazón que termina en una desconexión emocional. No debemos olvidar que los hombres también tienen sentimientos como nosotras, la diferencia está en la forma en que los expresan. Manejar los conflictos con irrespeto, sarcasmo, burla y descalificaciones es fatal para el matrimonio y deteriora el deseo sexual tanto en el que lo da, como en quien lo recibe.

El respeto a tu esposo es un mandato divino que debe ser ofrecido de manera incondicional. Debemos recordar que el Señor dice que una pareja consagrada en matrimonio es una sola carne y por eso Pablo escribe lo siguiente:

> Así deben también los maridos amar a sus mujeres, como a sus propios cuerpos. El que ama a su mujer a sí mismo se ama. Porque nadie aborreció jamás su propio cuerpo, sino que lo sustenta y lo cuida, así como también Cristo a la iglesia [...] En todo caso, cada uno de ustedes ame también a su mujer como a sí mismo, y que la mujer respete a su marido. (Efesios 5:28-29, 33)

Este mandato está dirigido a los esposos, pero es también aplicable a las esposas porque ambos son una sola carne. El respeto, entonces, no está basado en la bondad de tu cónyuge, sino que se conecta con el matrimonio y su significado trascendente. El matrimonio es una representación de la unión de Cristo con la iglesia, no se trata de ti, sino que debe ser un reflejo del evangelio.

Nuestro llamado primordial delante de Dios es reverenciarlo y honrarlo a Él en la vida matrimonial. No es un pugilato en el que demuestro que tengo la razón. Tratamos con respeto a nuestros esposos como una ofrenda de amor a Dios y a ellos. Los respetamos y no nos rebajamos a pesar de su comportamiento, porque lo estamos haciendo para el Señor en el poder del Espíritu Santo. En nuestras fuerzas eso sería imposible.

Quisiera dejar claro que respetar y someternos a nuestros esposos dentro y fuera de un conflicto no significa que no podamos expresar lo que pensamos o sentimos. Tampoco implica asumir una posición de inferioridad silenciosa y apocada. Si actuáramos de esa manera, faltaríamos al mandato de ser ayuda idónea para nuestros esposos. Podemos y debemos expresar lo que entendemos y lo que sentimos, pero también debemos cuidarnos de la forma, las palabras, el tono, el volumen y los gestos con los que nos expresamos. Un corazón airado u orgulloso nunca glorificará al Señor porque en «la ira del hombre no obra la justicia de Dios» (Santiago 1:20); ser sabia es entender que «la suave respuesta aparta el furor, pero la palabra hiriente hace subir la ira» (Proverbios 15:1).

Si te estás sintiendo identificada con alguna de las actitudes negativas de las que hemos hablado, si has descubierto que defiendes la verdad, pero faltas el respeto, entonces es el momento de detenerte y acercarte al Señor para abrirle tu corazón en arrepentimiento. Pídele que te regale un corazón manso y humilde, como el de Jesús, para poder reflejarlo en todas las áreas de tu vida.

Luego de haber reconocido delante del Señor la parte que te corresponde, ahora debes acercarte a tu esposo y pedirle perdón conforme a lo que el Señor te ha permitido descubrir en tu corazón, tanto en palabras como en hechos, pensamientos y actitudes. El perdón puede ser la llave que abra la puerta a una relación de matrimonio más sana y con una mayor conexión.

Como hemos dicho, la amargura y el resentimiento generan respuestas defensivas que cierran toda posibilidad de acercamiento íntimo. La intimidad sexual requiere que ambos cónyuges se sientan cómodos, seguros, sin barreras emocionales, temores o heridas, ya que estos sentimientos negativos bloquean la respuesta sexual.

Me parece prudente hacer una advertencia en este punto. Los conflictos no deben ser resueltos con un encuentro sexual sin que antes hayan tenido una conversación para aclararlos y solucionarlos. Es posible que tu esposo use la seducción como un método de acercamiento que diluya el conflicto y también demuestre, de alguna manera, su interés en arreglar las cosas. No te ofendas ni lo rechaces en mala forma. Por el contrario, mi recomendación es que seas receptiva y aproveches el momento para facilitar una conversación franca en un ambiente relajado.

Ten cuidado en la forma en que planteas el tema, no acuses, sino plantea tu necesidad de exponer la situación para poder disfrutar la intimidad. Hazle saber que dejar una situación pendiente no es sano para la relación, porque turba tu mente y no te permite responder sexualmente como quisieras. Luego de aclarar las cosas y lograr ciertos acuerdos, podrás sellar ese momento con un encuentro sexual realmente gratificante.

¿EQUIPO O CONTRINCANTES?

Muchas parejas se han acostumbrado a no perder la oportunidad para demostrar que cada uno de sus miembros tienen la razón. Más de una vez he visto a esposos defenderse acaloradamente en el consultorio. Los observo y escucho con atención, pero por un momento pareciera que olvidaron dónde se encuentran y que hay alguien más aparte de ellos dos. Me pasa por la mente la idea de grabarlos. Los interrumpo y les pregunto cómo se sienten y si lograron avanzar algo con la discusión. Termino diciéndoles: «No creo que ustedes hayan venido hasta aquí para hacer lo mismo que hacen en casa».

No he llegado a grabarlos, pero me aprendo algunas frases y se las repito. Les pregunto de manera alternada qué quisieron decir y cómo se sintieron al hablar de esa forma. Cuesta mucho que puedan hacer silencio en su interior y lleguen a descubrir que lo que motiva toda esta discusión es un deseo por demostrar, «que tengo razón, que mi opinión es lo que vale», «tengo que ganar el punto», «es que yo siempre pierdo o estoy abajo y no puedo dejarme opacar». Ellos han olvidado en el fragor de la defensa de sus argumentos que son del mismo equipo y, como tal, pierden o ganan juntos.

Los problemas, desacuerdos o conflictos con frecuencia separan a la pareja, la dividen, y la discusión, en lugar de «sacar el problema de en medio de ellos», genera un ataque del uno contra el otro. Lo que deberían hacer es unirse como un equipo y atacar el problema para vencerlo juntos. Lo que debe primar es recordar la siguiente frase:

¡Somos del mismo equipo, no contrincantes!

Puede que el problema tenga algo que ver con la intimidad sexual. Algunas pacientes me han comentado como, en medio del encuentro sexual, uno de los dos hace un comentario de crítica o malestar con respecto a la relación sexual, ya sea sobre la frecuencia o alguna otra expectativa insatisfecha. Por ejemplo: «Tú nunca quieres estar conmigo, no te importa cómo me siento, siempre tengo que rogarte mucho para estar juntos». Imagina ese comentario mientras la pareja está iniciando las caricias en el preámbulo íntimo. Es como si le tiraran una cubeta llena de agua fría. Es posible que exista la necesidad de hablar del tema de la frecuencia, pero conversarlo en ese momento hace que el mismo los separe de forma abrupta y en el momento menos indicado. Si no actúan con prudencia, colocando el tema fuera del encuentro sexual, tanto la intimidad como la relación pueden ser un fracaso.

Podrías decir: «Amor, lo importante es que estamos juntos, disfrutemos ahora y hablamos de eso luego...», o algo parecido. Lo importante es que ese «luego» no quede en el olvido. En el próximo capítulo nos detendremos a «hablar de sexo con la ropa puesta». No debemos tratar de aclarar diferencias sobre esa dinámica en medio de la intimidad sexual. Por el contrario, lo que comunicamos en esos momentos debe ir dirigido a potenciar el encuentro y no a enfocar la mente en razonamientos profundos, las circunstancias del diario vivir o quejas sexuales.

También somos un equipo durante la relación sexual. Si tu pareja disfruta mucho, si sus sensaciones son cada vez más excitantes, lo serán también para ti. Complacer a tu esposo, expresarle, como hemos dicho, lo que te agrada y que él te complazca, les permitirá «ganar el juego juntos». Para que eso sea posible se necesita que los miembros del «equipo» estén conectados.

No sé si entiendes el béisbol, yo lo entiendo un poco porque en mi país, República Dominicana, es un deporte muy popular. Siempre me llaman la atención las señales que les dan los entrenadores a los jugadores. Se tocan la gorra, la oreja, el pecho; hacen un gesto con la mano o los dedos. Se supone que son mandatos en código que el jugador entiende y, por supuesto, indican la manera en que juegan. Yo no los entiendo, solo los jugadores del mismo equipo los entienden porque forman parte de un código secreto. Ellos se entienden, les funciona, y los demás lo vemos sin entender nada.

Valga la ilustración anterior para mostrarte que si tu esposo y tú pertenecen al mismo equipo, entonces es muy seguro que tendrán «señales» que solo ustedes sabrán descifrar. Estas señales no solo corresponden a insinuaciones sexuales, sino que también son un medio para comunicar deseos o necesidades muy íntimas.

He tenido la oportunidad de «leer entrelíneas» algunas de esas señales durante reuniones sociales. Por ejemplo, una mujer que empieza a despedirse del grupo con el que estaba compartiendo mientras que su esposo, en otro lugar del salón, hace lo mismo. Luego se reúnen cerca de la puerta y dejan la reunión. También está la mujer que tiene sed y, de repente, el esposo llega con una bebida, se la entrega y le hace un guiño con el ojo. Tal vez has notado cuando un grupo de parejas está conversando y planifican hacer alguna salida en el futuro cercano, una de las parejas se miran y empiezan a argumentar como si ya lo hubieran hablado previamente. Estoy hablando de parejas conectadas. De hecho, puede que ellos difieran del tema y notas que eso no les sorprende, sino que se trata de algo conocido porque él dice: «A Elvira no le gustaría mucho ese tipo de actividades; sin embargo, creo que podríamos evaluarlo».

Una mirada, un gesto, un guiño, un movimiento de la cabeza o las manos proveen señales que se van construyendo a medida que nos conectamos con nuestro cónyuge en el día a día a través del tiempo. Complicidad y amistad son elementos imprescindibles para la conexión. Ahora quisiera que traslades esa dinámica pública de «señales de equipo» a la intimidad o aun antes, al inicio del proceso de seducción. Hay miradas y toques que invitan al encuentro sexual. ¿Lo has vivido? Hay gestos, movimientos y hasta sonidos que comunican deseos durante el acto sexual. La pareja de esposos puede desarrollar todo un código secreto para que su equipo gane en términos de conexión, complicidad, confianza y placer sexual.

CAUSAS DE LA DESCONEXIÓN

Lograr la conexión emocional en el matrimonio, que resulta de una dinámica marital saludable, toma tiempo y requiere de un trabajo intencional mutuo. Sin embargo, la desconexión puede ocurrir de manera bastante rápida. La conexión está vinculada con la confianza. He escuchado que la confianza sube por una escalera larga y empinada, pero baja por un ascensor. Hay situaciones que pueden desconectarnos, como el que baja poco a poco, como un ascensor que se detiene en cada piso; otras veces, debido a experiencias muy dolorosas, puede que se destruya en un momento, como un ascensor cuyos cables se rompen y cae en picada.

Aunque este libro no es de terapia marital, mencionaré algunos ejemplos de situaciones que pueden afectar la conexión de una pareja porque es posible que con ellos puedas identificar mejor el origen de la situación de distanciamiento o la pobre conexión con tu cónyuge, si fuera el caso. Quisiera invitarte a que revises cada uno pensando en ambas vías, es decir, que la situación no solo la puede provocar tu esposo, sino también tú misma.

Sentimientos de desvalorización. Cuando un miembro de la pareja no prioriza al otro en su vida, este se percibe como el último en su lista. Uno de los cónyuges puede llegar a decir: «No me toma en cuenta, nunca recuerda mis necesidades».

Desconfianza. No sentirse seguro del otro en diferentes aspectos: uso del dinero u otros recursos, manejo de la información o uso del tiempo. He escuchado decir cosas como estas: «Temo por el futuro económico de nuestra familia, gasta el dinero a su antojo, como si no hubiera mañana».

Infidelidad. Erosiona la conexión de una manera bastante profunda. No solo abarca la infidelidad física, sino que puede incluir hasta el manejo inadecuado de los límites con el sexo opuesto. Alguna esposa podría decir: «Mi esposo es demasiado simpático, siempre tiene chicas que le escriben, no he visto nada erótico en los mensajes, pero sinceramente, no me parece adecuado, me incomoda y me genera sospechas».

Conflictos con la familia de origen. Si no se manejan límites saludables con la familia de origen de ambos miembros de la pareja, pudieran presentarse conflictos. Debemos amar y cuidar la relación con nuestras familias, pero siempre sin sacrificar el matrimonio. Podemos escuchar a uno de los cónyuges decir: «Cuando tu mamá vuelva a visitarnos ¿podrías pedirle que no mueva los muebles de lugar?». Esto me recuerda una ocasión en que una pareja de amigos le pidió a una de las suegras que se quedara en la casa con los niños durante unos días mientras ellos cumplían con compromisos laborales en el exterior. Cuando volvieron se encontraron con la sorpresa de que la señora había pintado la sala de otro color y había movido todos los muebles sin avisar. Podríamos decir que la intención era buena y que su deseo fue halagarlos y mostrar preocupación por ellos, pero definitivamente hay límites que deben ser respetados, tanto desde la familia de origen hacia la pareja, como de la pareja hacia sus padres.

Otras heridas. Dinámicas de falta de respeto, insultos, descalificación en público o en privado, ya sea con respecto al área profesional, moral, roles familiares o apariencia física, deberían evitarse a toda costa. Este tipo de interacciones podrían parecer no tan dramáticas y hasta sutiles en algunos casos, pero sin importar la magnitud pueden herir profundamente a la pareja.

La conexión emocional es valiosa, requiere tiempo y esfuerzo, aporta bienestar y estabilidad a la dinámica de pareja, y genera una base sólida para la intimidad sexual. No deberíamos suponer que está bien, sino cuidarla hasta el punto de evitar caer en el descuido o en estilos de relación destructivos.

Si en tu relación matrimonial la conexión emocional se ha perdido es posible que te preguntes: ¿qué podríamos hacer para recuperarla? A continuación, algunos consejos prácticos:

1. Orar. Dios está interesado en el bienestar de tu matrimonio, el cual debe glorificarlo. Ora con fe y con un corazón dispuesto a alinearse con sus propósitos. Pídele al Señor

discernimiento para poder entender tu aporte a este malestar. Ora para que Dios les dé a ambos corazones humildes,
llenos de mansedumbre y puedan caminar juntos hacia la
restauración completa de su matrimonio.

2. Hablar con el esposo sin culpar. Tener como propósito solo
   buscar culpables no resuelve nada, es más útil enfocarse en
   buscar soluciones. No tengas miedo de plantear el tema a tu
   esposo, ser ayuda idónea incluye confrontar con sabiduría
   cuando se trata de temas difíciles. Escoge el mejor momento
   y las palabras adecuadas.

3. Tomar la decisión de sanar. Estar dispuesta de antemano
   a sanar, independientemente del esfuerzo y tiempo que
   tengas que invertir, facilita mucho el proceso de restauración aun si tu esposo no estuviera con la misma disposición.
   Prepara tu corazón para pedir perdón y extenderlo de
   manera incondicional.

4. Identificar lo que facilitó el aislamiento emocional o impi-
   dió la conexión. Puede que desde el inicio del matrimonio
   se presentaran situaciones que, debido a la inexperiencia,
   no manejaron bien. Por ejemplo, embarazos desde la luna
   de miel o en los primeros meses, problemas significativos
   de salud de uno de los cónyuges o de algún miembro de
   la familia de origen, pérdida del trabajo y otras situaciones
   dramáticas y difíciles.

5. Buscar ayuda (consejería/terapia de pareja). No se supone
   que ustedes dos tengan la respuesta a todo lo que les pasa.
   Es válido y saludable buscar ayuda para contar con una
   perspectiva más amplia de la situación que enfrentan. La
   Palabra de Dios promueve la búsqueda de consejo como
   una herramienta que conduce al éxito: «Donde no hay buen

consejo, el pueblo cae, pero en la abundancia de consejeros está la victoria» (Proverbios 11:14).

Cuando solicites ayuda, toma en cuenta algunos criterios importantes: (a) ambos cónyuges deben estar de acuerdo al escoger el consejero; (b) el consejero no debe ser parte de la familia de ninguno de los dos ni del círculo íntimo, sino alguien neutral; (c) deben ir juntos a la reunión de consejería desde el principio; (d) si tu esposo no deseara ir, podrías buscar ayuda sola. Ir sanando y cambiando puede ser el camino para iniciar la sanidad de ambos y podría motivar a tu esposo para que se involucre debido a los avances positivos que vea en ti.

No importa el tiempo que tengas de casada, buscar la sanidad siempre es una opción disponible infinitamente mejor que la desesperanza de la inacción. Dios quiere cambiarnos y transformarnos a la imagen de Cristo. Nuestro matrimonio es un escenario ideal para alcanzar esos propósitos de crecimiento espiritual. Aun si tu esposo no quiere hacer nada, todavía hay oportunidad de generar sanidad con el cambio que tú aportes. Ten paciencia, pero mantén tu fe firme en Dios y espera en Él.

Sin importar la etapa matrimonial en que te encuentres, te invito a hacer un alto y evaluar junto a tu esposo tu conexión emocional y tu dinámica de pareja. Te ofrezco algunas preguntas como modelo de evaluación para que las respondan juntos:

- ¿Cómo nos sentimos con la forma en que convivimos en la cotidianidad?

- ¿Qué tanto hemos crecido en amistad y complicidad?
- ¿He podido conocer más cosas de ti desde que nos casamos?
- ¿Disfrutamos pasar tiempo juntos?
- ¿Dejamos pasar las ofensas menores sin mucho drama?
- ¿Sentimos admiración el uno por el otro?
- ¿Podemos hablar cualquier tema de manera serena?
- ¿Podemos abrir nuestros corazones sin temor?
- ¿Nos confrontamos con amor, sin miedo a que se rompa algo entre nosotros?
- ¿Sabemos enfrentar nuestras dificultades, altercados o diferencias de forma saludable?

Importante: no es necesario que se hagan todas estas preguntas en un solo encuentro. Procura no agobiar a tu esposo con el cuestionario; solo se trata de una guía para ayudarlos a evaluar la dinámica marital y la conexión emocional mientras van descubriendo que no se trata de algo complicado ni difícil de construir y mantener en el tiempo.

En conclusión, una conexión emocional profunda potencia nuestras vidas matrimoniales, genera mucho bienestar familiar e impulsa el placer sexual. No necesitamos ser iguales para conectar; de hecho, ser diferentes como los tomacorrientes y el conector es lo que facilita que nos acoplemos, complementemos y enriquezcamos. Sin embargo, quisiera finalizar insistiendo, una vez más, que esto no sucederá si no estamos dispuestos a ceder, a aceptar a nuestros esposos y aceptarnos a nosotras mismas, a entender que las dificultades para hacer equipo solo evidencian las áreas de mi carácter que Dios quiere transformar para que se asemejen más y más a nuestro Señor Jesucristo.

En el próximo capítulo me centraré en la comunicación, un tema muy necesario para la conexión matrimonial. Como veremos, se trata de una herramienta esencial. Sin una comunicación adecuada, la pareja no logra conocerse ni entenderse, lo que facilita que se generen malentendidos que deterioran la conexión.

CAPÍTULO 5

LA COMUNICACIÓN Y SU IMPORTANCIA EN LA DINÁMICA SEXUAL

La comunicación es una pieza clave para el bienestar de la pareja, incluyendo la intimidad sexual. Podemos considerar el acto sexual como una forma de comunicación muy profunda en la pareja, pero requiere que se mantenga un buen canal de comunicación antes, durante y después de la intimidad.

El poder comunicarnos es una característica humana que apunta a la imagen de Dios en nosotros. Ninguna otra criatura de la creación exhibe la capacidad de hablar para expresar sus sentimientos, pensamientos y voluntad, y así relacionarse con otros. Cuando Dios quiso comunicarse con el hombre que había creado le habló y, por ese medio, se relacionó con él de manera muy cercana. Dios nos creó con la capacidad y también la necesidad de relacionarnos con Él y entre nosotros. Es evidente, entonces, que la comunicación juega un papel muy importante en la relación matrimonial.

El ser humano da por ciertas muchas de sus habilidades relacionales. El poder comunicarnos a través del habla es una de ellas, junto con nuestra capacidad auditiva y visual. Todos estos elementos interactúan juntos para facilitar la comunicación humana. Como vemos, la comunicación no es solo un mensaje entregado por alguien y recibido por otro. Hay demasiados factores que facilitan, garantizan y también pueden enturbiar o bloquear un mensaje. Por ejemplo, yo puedo creer que si expresé mi idea con las palabras correctas, entonces el mensaje será recibido como espero y viceversa, es decir, asumo que eso que entendí fue exactamente lo que me dijeron. De seguro que están pensando que eso no es tan fácil como parece. La comunicación es un don de Dios, pero puede ser complicada y requiere esfuerzo lograr que sea efectiva.

Cuando se trata de la vida íntima de la pareja, la comunicación no puede estar ausente. Algunos piensan que es más un asunto físico y emocional, pero el intercambio sexual es una forma auténtica de comunicación, en la que se expresan los sentimientos más profundos. Ahora bien, si la pareja carece de la habilidad o su comunicación está bloqueada o perturbada, entonces mostrará sus limitaciones en la vida sexual. La forma en que nos comunicamos en el día a día se manifestará de todas maneras en el intercambio sexual.

Uno de los elementos que ayudan a evaluar la satisfacción marital es el nivel de conexión emocional de los esposos. Intimar emocionalmente es un proceso que se desarrolla mientras cultivamos la relación de pareja de manera intencional. *Intimar* se define como «introducirse en el afecto de alguien».[1] Conectar con tu esposo implica poder entrar en su interior de manera afectiva. De seguro ya te habrás dado cuenta de que la herramienta primordial para conseguir esa conexión es la comunicación efectiva.

Muchas personas piensan que una pareja cultivará una buena conexión a través de conversaciones en lugares paradisíacos tipo Hollywood, cuando en realidad esto se construye con el día a día; es la cotidianidad la que permite que se conozcan e interactúen entre sí. Pero es necesario que ambos se interesen en tener una buena conexión comunicacional y relacional.

¿QUÉ ES LA COMUNICACIÓN?

Me estoy refiriendo a un proceso continuo, no a un momento particular o una conversación. El proceso de comunicación incluye no solo lo que se dice, sino también los elementos no verbales, como los gestos, las miradas, el tono de voz, el momento que se escoge para hablar, la frecuencia con la que se trata el tema, entre muchos otros factores que influyen en el proceso comunicacional. A continuación, veamos los elementos de la comunicación.

Escuchar de forma activa

Las personas siempre están buscando comunicarse a través de diferentes medios. Cuando estamos comunicando un tema debemos tomar en cuenta la actitud con la que recibimos el mensaje. Escuchar bien es un elemento importante para lograr una comunicación efectiva. La mayoría de las personas, cuando piensan en la comunicación, tienden a considerar cómo se debe hablar o cómo deben expresar las ideas, pero rara vez se detienen en la importancia de escuchar bien.

Santiago enfatiza la disposición a escuchar y la contrapone con el hablar y la ira, cuando dice: «Pero que cada uno sea pronto para oír, tardo para hablar, tardo para la ira» (Santiago 1:19b). Si aprendemos a escuchar más y controlamos y postergamos el hablar, entonces la ira, el enojo, los malentendidos también se postergarán. ¡Hay tanta riqueza en escuchar bien!

¿Qué significa escuchar bien? Para escuchar bien se necesita hacer silencio, pero no solo cerrando tu boca, sino también en tu mente. Es necesario que «apaguemos el radio» que tenemos siempre encendido en la mente. Nuestras propias ideas son el primer obstáculo para la escucha activa. Tenemos mucho ruido mental que hace interferencia y no nos permite escuchar bien.

Te aconsejo que cuando escuches trates de serenarte, suaviza los músculos de tu cara, tus hombros, tu espalda y relájate. Toma la decisión de escuchar sin prejuicios, conecta tu mente con la persona que te habla a través de tus ojos y tus oídos. Observa sus gestos, su mirada, su tono de voz, escucha sus palabras al tiempo que intentas ponerte en su lugar, pregúntate cómo te sentirías si pensaras de esa manera. No interrumpas, cierra de forma consciente tus labios y no los abras. Cuando la otra persona termine de hablar, haz una pausa y, si no entendiste algo de lo que dijo, pregunta sobre eso y escucha con paciencia la respuesta. Luego trata de resumir con tus palabras lo que expresó, pero, claro, sin aclaraciones ni defensas, solo estás buscando confirmar que escuchaste todo el mensaje. Luego puedes preguntar si tu retroalimentación es correcta. Si es así, entonces es tu turno para hablar.

Comunicas mucho cuando escuchas de esa manera. Por eso la escucha activa genera interacción, porque mientras escuchas con atención estás enviando un mensaje fortísimo de afirmación a tu esposo al mostrar interés, respeto y comprensión en él como persona. Además, tu actitud permite que puedas ponerte en su lugar, buscando intencionalmente ver la vida desde su punto de vista para que, al final, puedas decir: «Te entiendo». Entenderlo no significa que necesariamente estás de acuerdo en todo, sino que te has esforzado para ver las cosas desde su posición emocional, encontrándole sentido a lo que piensa y dice, aunque es posible que tengas otra visión de las cosas y sea necesario encontrar el tiempo para expresarla.

Lo importante en este punto es que ese espacio de escucha activa, compresión y respeto facilita la conexión emocional. Cuando percibimos que somos escuchados permitimos que nuestro corazón se abra y nos sentimos seguros para expresar nuestros pensamientos y sentimientos más profundos. Sin una buena actitud para escuchar activamente, la conexión emocional no es posible.

Hablar de forma coherente, clara y serena

Cuando llegue la oportunidad de hablar recuerda mantenerte relajada para que tus ideas se expresen de manera coherente, con un sentido lógico y con el propósito de que sean entendidas por tu esposo. Las emociones tienden a alterar la manera en que nos comunicamos y nos desorganizan el mensaje. Por eso es sumamente importante que procuremos mantener la calma. Si el contenido de lo que quieres expresar es muy emotivo para ti, te recomiendo que lo escribas, que hagas una nota para organizar las ideas antes de la reunión, sobre todo si el tema es importante o recurrente.

Haz todo lo posible por no argumentar demasiado. Las mujeres hablamos mucho, damos muchas vueltas para expresar una idea y debemos ser conscientes de que tantas vueltas perturban la comunicación. Los hombres, en general, son más directos y si hablamos mucho se cansan, «encienden el radio de la mente», ya no prestan atención y dejan de escuchar. Yo también perdí algunas veces la atención de mi esposo por hablar demasiado, dando muchos detalles innecesarios, pensando equivocadamente que me entendería mejor. Lo malo es que hablaba tanto que hacía mucho que no me estaba escuchando, ya lo había mareado con tantas palabras y argumentos.

Cuando hables comunica tus ideas y sentimientos de manera clara, directa y breve. Sé lo más asertiva que puedas, plantéalos desde tu punto de vista, pero sin pretender que eres la única que tiene la razón. Recuerda que se trata de un diálogo; el propósito es conectar con nuestra pareja y no simplemente ganar una discusión. No olvides que tu esposo y tú pertenecen al mismo equipo, ganarán o perderán juntos. Por lo tanto, si es necesario confrontar, hazlo con amor, su crecimiento o resentimiento también te afecta a ti.

Retroalimentar para una mejor comprensión

Cuando en el colegio nos hablaban de comunicación, nos decían que la misma consta de los siguientes elementos: un emisor, un receptor y un mensaje. Esa definición básica plantea una comunicación muy lineal y no toma en cuenta la comprensión del mensaje. Años después descubrí que faltaba un elemento muy importante: la retroalimentación.

Es imprescindible validar de forma objetiva si el mensaje que comunicamos a nuestro cónyuge fue recibido con la intención con que lo entregamos. Muchas veces suponemos que nos entendieron, no solo lo que verbalizamos, sino hasta nuestra motivación al hablar. Es posible que se logre en algunos casos, pero dependerá del tema que tratamos y de lo conectados que estemos. Sin embargo, la retroalimentación es vital cuando nos referimos a temas en los que estamos en desacuerdo o en conflicto.

Cuando hablé sobre la escucha activa anteriormente, mencioné la retroalimentación. Una vez que hayamos escuchado a la otra persona, podemos resumir brevemente, en nuestras propias palabras, lo que hemos entendido y sin agregar ningún análisis o juicio a lo que nos han dicho. El interlocutor, en este caso, nuestro esposo, debe validar que entendimos bien o, en caso contrario, dar alguna aclaración o un punto faltante que considere necesario para ser mejor entendido. Este proceso debe realizarse de manera recíproca, es decir, cuando cada uno exponga su idea principal del tema y no solo con el primero que hable. Toda la comunicación debe incluir cierto grado de retroalimentación para que no se pierda la efectividad de principio a fin.

Cierre conclusivo

Siempre es bueno llegar a una conclusión que cierre cada conversación. Es posible que sea necesario que sigamos la conversación más adelante porque entendamos que es preciso orar, conversar más, buscar consejo o profundizar en ciertos temas antes de tomar alguna decisión. Si llegamos a algún acuerdo, es muy importante que nos comprometamos de forma clara y objetiva a cumplirlos.

Te recuerdo una vez más que la comunicación es un proceso, no es solo una conversación sino, mas bien, una serie de interacciones mutuas que se realizan no solo cuando nos sentamos a hablar, sino también en la cotidianidad. Siempre nos estamos comunicando, siempre nos estamos «leyendo» con un lenguaje que abarca más que palabras.

Oración mutua

No es posible hablar de comunicación y dejar fuera la más importante: la comunicación con Dios. Orar juntos antes y después de cada reunión en la que trataremos desacuerdos o conflictos es fundamental. Dios está interesado en guiarnos a Él. Orar nos hace conscientes de su soberanía, presencia y cuidado, nos enfoca en su verdad y nos genera un deseo por ser obedientes a Él. A Dios le interesa nuestro matrimonio, esos desacuerdos no escapan a su gobierno, control y propósito. Que Él nos capacite para ser esposas sabias que faciliten el crecimiento de la conexión emocional de nuestro matrimonio.

COMUNICACIÓN Y SEXUALIDAD

¿Por qué la comunicación es importante para mi vida sexual? ¿Cómo conectamos la comunicación con la vida sexual? La respuesta es bastante directa. Durante el acto sexual nos estamos comunicando de forma consciente o inconsciente, dando a conocer nuestro interior de manera profunda y auténtica. En la intimidad estamos comunicando con todo nuestro ser lo que sentimos por nuestra pareja, lo cual es el resultado de todas nuestras vivencias, experiencias, emociones y sentimientos que son el fruto de la interacción del día a día, de la cotidianidad que vivimos como pareja. Por lo tanto, si la comunicación es deficiente, si abundan los conflictos sin resolver, si la pareja no disfruta de un sentido de amistad y de conexión profunda, entonces, la vida sexual se afecta.

En este mundo tan agitado tendemos a vivir en automático, demasiado ocupados con muchas responsabilidades y preocupaciones, sin considerar o ser más reflexivos o conscientes de las personas que están a nuestro alrededor, incluido nuestro cónyuge. La conexión emocional, que es vital para cultivar una buena vida de intimidad sexual, no se consigue si no somos intencionales. La pareja debe profundizar los niveles de comunicación, buscar maneras de conocer los pensamientos, sentimientos y preferencias del otro.

No se trata de tener una reunión formal bien programada cada semana con el objetivo de conocernos mejor. Por el contrario, debes ser auténtica, relajada y espontánea cuando interactúas con tu esposo, es decir, pedir lo que necesitas, no ofenderte por cualquier cosa, servir con buena disposición aunque sea incómodo para ti, expresar agradecimiento, cultivar el buen humor, son actitudes que facilitan la comunicación y generan conexión.

También es muy importante que no pases por alto demostrar tu disposición a ser conocida profundamente por tu esposo. Puede parecer extraño, pero he conocido mujeres que ocultan mucho de sí mismas en sus corazones y dejan de expresar sus luchas, dolores y preferencias por temor a no ser comprendidas, ser descalificadas o cualquier otra percepción negativa que ellas creen que podrían recibir de su esposo.

Tu esposo y tú deben ser los mejores amigos. En el matrimonio se debe cultivar intencionalmente una amistad profunda, y la mujer juega un papel muy importante en ese sentido. Dios diseñó a la mujer con una mayor inclinación a las relaciones que los hombres y eso tiene un propósito. Las mujeres conectan, generan relaciones a su alrededor de manera natural, nos gusta hablar y ser escuchadas. Los esposos pueden ser muy bendecidos al tener a su lado a una mujer que se comunica de manera adecuada y facilita ese proceso.

Estoy consciente de que no todas las mujeres somos iguales y, aunque a la mayoría nos encanta hablar y conectar, existen algunas que no son tan comunicativas. Sin embargo, todas podemos aprender y crecer en el tema de la comunicación. Lo importante es tener la disposición de corazón para conectar con nuestro esposo y permitir que nos conozcamos profundamente.

Disfrutar de la amistad en el matrimonio es hermoso, pero para algunas parejas no ha sido fácil. Pensamos que el hecho de vivir juntos, compartir el mismo techo y todo lo demás, traerá como resultado natural la amistad, pero la verdad es que se requiere de intencionalidad y transparencia para lograrlo. Como he dicho, tu esposo debe ser tu mejor amigo, tu cómplice, tu amante. Él debe ser tu relación más profunda. Pero para que lo sea debes conocerlo y debe conocerte bien porque no puedes ser amiga y confiar en alguien que no conoces. Conocer a alguien toma tiempo e involucra muchos aspectos del día a día.

Conocer es un término utilizado en la Biblia para referirse a las relaciones sexuales. Esta palabra refleja la profunda conexión que genera la intimidad sexual. Es un término muy acertado y la vez delicado, que puede parecer chocante a la sociedad actual y a la cultura imperante que, con frecuencia, habla del sexo de manera áspera, vulgar y meramente física. Por el contrario, pensar que cada relación sexual te proveerá un mayor conocimiento y conexión con tu esposo es apropiado y deseable.

El doctor Gottman, terapeuta investigador de relaciones maritales, dice: «El factor determinante para que una mujer se sienta satisfecha con el sexo, romance y pasión en su matrimonio es, en un setenta por ciento, la calidad de la amistad con su pareja».[2] Gottman agrega que el porcentaje es igual para los hombres. Una pareja con una amistad profunda muestra un trato respetuoso y considerado; los cónyuges no luchan con pensamientos negativos acerca del otro; no solo expresan sus sentimientos con gran detalle, sino también a través de las situaciones pequeñas de la vida cotidiana.

¿Hablar durante el acto sexual?

En la consejería prematrimonial siempre les decimos a los novios que no dejen de hablar de sexo antes, durante y después del acto. Por supuesto, no lo decimos en términos literales, sino que la intención es animarlos desde el principio a retroalimentar su experiencia, de manera que el tema no se convierta en un tabú entre ellos con el paso de los años.

Recuerda que la comunicación no necesariamente es verbal. Durante el acto sexual puedes expresar de diferentes maneras tu nivel de satisfacción tanto con palabras, como con sonidos y movimientos de tu cuerpo. También es importante que si hay algo que no te agrada o que no es excitante para ti, lo expreses con naturalidad y sin miedo. Tu esposo necesita saberlo y también tú necesitas saber lo que le agrada y le desagrada. De esa manera podrán complacerse mutuamente tanto física como anímicamente. Los gustos y preferencias de cada uno son muy particulares, no vayas a encasillarte en lo que has oído que les agrada a otras personas, incluyendo a tu esposo. Sé libre para expresar lo que te agrada y desagrada, solo hazlo con gracia para que no provoques un bloqueo en la dinámica íntima. Además, enfócate en expresar más lo que te agrada, procura hacerlo en cada encuentro sexual, hazlo a tu manera, pero no dejes de hacerlo.

Hablemos de sexo con la ropa puesta

Con frecuencia es recomendable sostener conversaciones sobre la dinámica sexual con tu esposo. No es necesario esperar el momento del acercamiento y la seducción para plantear un desagrado pendiente o para informarnos sobre la satisfacción sexual de cada uno. Escoge un momento en que estén relajados y en privado para hacer una evaluación distendida de su vida sexual. Te presento a continuación algunos consejos prácticos:

1. Hacerse preguntas sobre su nivel de satisfacción y de las cosas que anhelan para mejorarlo. Por ejemplo, ¿qué tipos de toques te agradan? ¿En qué lugares? ¿Fue suficiente el tiempo del preámbulo?

2. Validar si la frecuencia sexual es adecuada para ambos. ¿Piensas que debemos tener encuentros sexuales más o menos frecuentes? ¿Prefieres que la frecuencia sea diferente en el fin de semana?

3. Aprovechar para decir lo que afecta o bloquea la respuesta sexual en alguna medida. ¿Te distraes a veces? ¿Qué cosas llegan a tu mente mientras estamos en intimidad? ¿Cómo puedo ayudarte con eso?

4. Pedir ayuda a tu esposo para mejorar tu desenvolvimiento. Por ejemplo, «si me hablaras al oído podría ser relajante para mí y me ayudaría a no distraerme». «Me gustaría que me tocaras las zonas no genitales durante el preámbulo».

5. Escuchar sus expectativas con una actitud abierta. No olvides que el hecho de que él necesite algo diferente expresa su individualidad y al expresarlo te está abriendo su corazón.

6. Planificar juntos sus encuentros. «¿Cuándo es el mejor día de la semana para ti? ¿En qué momento? ¿Qué necesitas?»

7. Darle pistas para seducirte. Desarrollen un código íntimo para comunicarse. ¿Qué necesitas para poder darte cuenta de las intenciones eróticas de tu pareja? ¿Qué palabras o gestos utilizas para expresar las suyas? ¿Cómo te gustaría ser seducida?

Para muchas mujeres este es un tema difícil de abordar, por la forma en que fueron educadas sobre la sexualidad. Como dije en el segundo capítulo, todas recibimos algún tipo de educación sexual, la pregunta es si fue adecuada o no. El que no te hablaran nada en tu infancia o adolescencia sobre la sexualidad es una forma de educación, pues te enseñó algo. El silencio también es comunicación porque un mal gesto, una reprimenda por hacer alguna pregunta, son maneras de expresar un mensaje y un juicio de valor sobre el tema. Muchas mujeres en Latinoamérica vivieron esa experiencia, aprendieron que el sexo es algo de lo que no se debe hablar, que es vergonzoso, sucio, peligroso, y llegan al matrimonio con estas distorsiones y malentendidos en su mente.

Si eres una mujer con una historia similar, me imagino cómo debes sentirte cuando planteo que debes hablar con tu esposo sobre la intimidad sexual. Sin embargo, te animo a que respires profundo, ores al Señor, medites en la verdad del diseño de Dios para la sexualidad y en cómo el placer sexual en el matrimonio lo glorifica. Podrías empezar haciendo preguntas más generales sobre la satisfacción íntima y dejar que hable tu esposo. Utiliza el contenido de sus respuestas para profundizar sobre el tema. Demuéstrale que es una cuestión importante para ti, pero que no sabes por dónde empezar. Es muy posible que se sienta halagado solo por mostrar interés en el tema y la conversación tome su curso. Después de un par de veces descubrirás que ya no es tan difícil y, también, después de haber tratado el tema con tu esposo, te sentirás mucho más cómoda y segura de ti misma durante el acto sexual. Es posible que tu respuesta sexual mejore o se potencie.

No estoy proponiendo que tengas estas conversaciones todas las semanas o muy seguido. En la medida en que cada pareja se conoce mejor, podría hablar del tema con menos frecuencia, pero mi recomendación es que no dejen de hacerlo al menos de forma esporádica. Los matrimonios atraviesan diferentes etapas que pueden afectar en cierta medida la dinámica de la intimidad sexual de uno u otro. Evaluarnos mutuamente con cierta frecuencia nunca está de más. El hecho de que te sientas satisfecha no significa que tu esposo lo esté y viceversa. Hablar de sexo con la ropa puesta y con el corazón desnudo facilita la conexión emocional. No pierdas la oportunidad de escuchar los anhelos de un corazón que te ama y de poder expresar los tuyos en ese lugar seguro. El acto sexual es mucho más que piel y carne, son dos almas que se conectan muy profundamente revelando una unión que trasciende de lo físico a lo emocional y espiritual. Es un tesoro, y como tal, debemos cuidarlo.

RESOLUCIÓN DE CONFLICTOS

El manejo de los conflictos lo tratamos con más detalles en el capítulo anterior; sin embargo, creo oportuno recordar, como lo he dicho en este mismo capítulo, que la mujer juega un rol importante en el desarrollo de una comunicación eficaz en su matrimonio. Por lo tanto, una mujer sabia buscará maneras de crear un ambiente adecuado para la interacción, sabrá preguntar y contestar de manera honesta y, al mismo tiempo, se mostrará respetuosa y amigable aun en medio de momentos tensos. Ella encontrará formas que no minimicen el problema, pero sí que desvinculen la situación conflictiva de la persona. Evita a toda costa el sarcasmo y la descalificación de tu esposo, al tiempo que expresas con sabiduría tus desacuerdos.

Los problemas en la comunicación afectan de diferentes maneras a los hombres y las mujeres. Puede que la mujer, frente a una situación conflictiva o una comunicación deficiente, pierda el deseo sexual, tenga poco o ningún interés por las relaciones sexuales o, en ocasiones, podría iniciar un encuentro íntimo y justo en medio de la experiencia, su mente la traiciona recordándole el malestar y así bloquea la posibilidad de un orgasmo. La respuesta de los varones puede ser variada, dependiendo de la personalidad y la percepción de la importancia o trascendencia del problema: desde poner las cosas «a un lado» si no es algo que perciben demasiado grande, vivir la experiencia de manera egoísta o rutinaria, hasta presentar disfunciones sexuales.

ROMANCE Y SEDUCCIÓN EN EL MATRIMONIO CRISTIANO

¿Habrá espacio para el romance y la seducción en un matrimonio cristiano? ¿Será adecuado que una mujer piadosa esté pendiente de atraer a su marido sexualmente? ¿Es esto importante o necesario para nuestros esposos? El mundo ha tergiversado tanto el placer sexual diseñado por Dios que algunas mujeres están confundidas y piensan que el tema de la seducción o mantener a su esposo satisfecho sexualmente es algo mundano y pecaminoso. Nada más lejos de la realidad.

La esposa es la persona idónea y única que el Señor le otorgó al hombre para su deleite en la intimidad y viceversa. Esto lo enfatiza Pablo cuando dice:

> No obstante, por razón de las inmoralidades, que cada uno tenga su propia mujer, y cada una tenga su propio marido. Que el marido cumpla su deber para con su mujer, e igualmente la mujer *lo cumpla* con el marido. La mujer no tiene autoridad sobre su propio cuerpo, sino el marido. Y asimismo el marido no tiene autoridad sobre su propio cuerpo, sino la mujer. (1 Corintios 7:2-4)

La pareja debe satisfacer mutuamente sus necesidades sexuales. Dios diseñó la unión marital para toda la vida en esta tierra, sin necesidad de cambiar o buscar nada fuera de esa relación. La vida matrimonial, incluyendo la intimidad sexual, debe ser un espacio de retos, aventuras y deleite que produzcan satisfacción todo el tiempo. No debemos pensar que por estar con la misma

persona toda la vida, la intimidad deber convertirse en algo ruti-
nario o aburrido.

El libro de Cantar de los Cantares, de Salomón, presenta una
pareja con mucho romance. Ambos esposos se deleitan en la belleza
de la intimidad sexual, se expresan halagos de manera recíproca y
hasta pareciera que la Sulamita seduce a su esposo por la manera
en que él la describe. Leemos una descripción desde los pies que va
ascendiendo hasta llegar a la cabeza:

> ¡Cuán hermosos son tus pies en sandalias, ¡oh, hija
> de príncipe! Las curvas de tus caderas son como
> joyas, obra de manos de artífice. Tu ombligo, *como*
> una taza redonda que nunca le falta vino mezclado;
> tu vientre como montón de trigo cercado de lirios.
> Tus dos pechos, como dos crías, mellizas de una
> gacela. (7:1-2)

No sé si lo notaste, pero la Sulamita tiene poca ropa y está
presentándose frente su esposo de manera seductora. Algunos
comentaristas sugieren que este pasaje podría referirse a una
danza privada:

> Hay algunas razones para creer que esta es una
> danza privada para el amado; principalmente la
> descripción sugiere que los muslos, ombligo, vientre
> y pechos de la doncella podían ser vistos (al menos
> parcialmente). No hay nada en la cultura bíblica
> o la antigua cultura hebrea o en los Cantares de
> Salomón mismo que sugiera que fuera una práctica
> de la doncella el danzar provocativamente delante

de un grupo público. Dado esto, resulta probable que esto es meramente una ilustración poética, y no un reporte de noticias, o una demostración privada para la bendición y beneficio del amado.[3]

Si nuestro cuerpo le pertenece a nuestro esposo (1 Corintios 7:2-4), entonces es legítimo mostrarlo de una manera seductora que facilite la estimulación sexual de ambos y siempre que sea de manera privada «solo para sus ojos». El acto sexual de una pareja es una experiencia muy íntima que debe ser manejada con respeto y absoluta privacidad. Cuando nos encontremos dentro de los límites adecuados, podremos sentirnos en libertad de expresar nuestra atracción y deseo sexual por nuestro esposo mediante el romance y la seducción, tomando en cuenta tu personalidad y preferencias.

Más adelante escuchamos a una esposa interesada en intimar con su esposo, al que llama e invita a estar con ella:

> Yo soy de mi amado, y para mí es *todo* su deseo. Ven, amado mío, salgamos al campo, pasemos la noche en las aldeas. Levantémonos temprano y *vayamos* a las viñas; veamos si la vid ha brotado, *si* se han abierto *sus* flores, y *si* han florecido los granados. Allí te entregaré mi amor. (Cantares 7:10-12)

Algunas mujeres sienten mucha vergüenza y no se atreven a acercarse a su esposo mostrando interés por intimidad sexual, a pesar de que se trata de un rol que nos corresponde a nosotras. No debemos perder de vista que vivimos en un tiempo de demasiada apertura a lo sensual y erótico sin ningún pudor ni pureza. Nuestros esposos están siendo bombardeados constantemente, y nosotras somos su porción, su recurso ante la tentación, y ellos también lo son para nosotras.

Un matrimonio que disfruta de una profunda conexión emocional y espiritual cultivará su intimidad sexual, manteniendo viva la llama del placer y podrán ganar la batalla de la inmoralidad sexual y traer gloria a Dios. El placer sexual no es lo más importante en el matrimonio, pero es un área sensible para mantenernos puros en medio de esta sociedad cada día más corrupta.

Una vez más quisiera aclarar que no todas las mujeres son iguales y, por lo tanto, no manejan el romance y la seducción de igual manera. No debes sentirte presionada por hacer las cosas que has escuchado que otras hacen. Dios te diseñó con una personalidad específica y adecuada para bendecir a tu esposo. Si has entendido que esta es un área en la que debes crecer, ora a Dios por eso, habla con tu esposo y pregúntale cómo se siente con respecto al tema y busquen juntos maneras de hacer ajustes si es necesario.

Provocar el inicio del acto sexual

El tema de la vergüenza que experimentan muchas mujeres para iniciar un encuentro sexual o para expresar interés en un momento específico, siempre me recuerda a una pareja de pacientes que tuve hace varios años. El esposo reportaba buenos encuentros sexuales, entendía que ella también los disfrutaba, pero anhelaba que su esposa mostrara algunas veces interés en tener intimidad con él. «Lo que más deseo es que alguna vez ella me haga saber que me desea». Cuando ella oyó las palabras de su esposo se le puso la cara roja, se cubrió los ojos con las manos y luego dijo: «Yo lo sé, me lo has dicho y quisiera hacerlo, pero me da mucha vergüenza, ¿cómo decir algo así?».

Para solucionar esta dificultad ¡nos inventamos una estrategia! Les sugerí que fueran juntos a una tienda de perfumes y juntos eligieran uno que les agradara a ambos, sobre todo al esposo. El perfume sería un regalo de él para ella, lo guardarían en un lugar especial. La estrategia consistía en que cuando ella sintiera deseos de estar en intimidad con su esposo, se lo comunicara poniéndose la fragancia.

Ellos hicieron lo que planeamos y, en la siguiente sesión, la esposa no podía contener la sonrisa, tenía la cara roja, pero se le notaba muy feliz. El esposo me contó que un día, al llegar del trabajo y saludar a su esposa con un beso sintió el olor aquel... ¡el resto es historia! No sabían cómo agradecerme. Ella aprendió a usar esa fragancia solo para expresar su deseo sexual y el esposo se sorprendió al descubrir esa fragancia en el cuello de su esposa varios días ¡en una misma semana!

Seducir a tu esposo no es pecado, solo debes observar la motivación de tu corazón para que no sea una motivación egoísta o con intenciones de manipularlo para conseguir algo. Que el propósito hermoso sea expresar tu amor y compartirlo con la persona que el Señor te ha entregado como esposo. El romance, los detalles, el permitirnos seducirnos uno al otro favorecen que la intimidad se recree cada vez, siendo renovada en cada encuentro.

El aburrimiento y la monotonía no tendrán espacio entre ustedes si procuran una seducción sana, privada e íntima. Cada relación sexual es única e irrepetible y por eso es necesario cultivar una buena comunicación que no deje fuera los deseos, temores y anhelos de nuestros cuerpos. Una buena comunicación garantizará que la intimidad sea diferente y gratificante, sin importar el tiempo de casados que tengan.

Quisiera volver a animarte a que no dudes en tocar este tema con tu esposo. Te invito a que busquen juntos maneras de renovar su vida sexual. La comunicación efectiva, frecuente y sincera es el vehículo para llevarlos a conseguir esa meta. A veces no podemos expresar lo que sentimos porque no entendemos del todo lo que ocurre con nuestros cuerpos en cada etapa de nuestras vidas. En el próximo capítulo revisaremos los cambios fisiológicos de nuestro cuerpo y el efecto en la respuesta sexual.

CAPÍTULO 6

RESPUESTA SEXUAL FEMENINA EN LAS DIFERENTES ETAPAS DE LA VIDA

Como ya hemos mencionado por considerarlo de suma importancia, la respuesta sexual no ocurre en un compartimento separado del resto de la persona. Forma parte de la integralidad humana y es influenciada por elementos espirituales, emocionales y físicos. La mujer atraviesa diferentes etapas mientras va transcurriendo la vida. De hecho, desde la pubertad hasta la menopausia, gran parte de su ser experimenta cambios hormonales casi mensuales, además de vivir etapas muy femeninas como el embarazo, la lactancia y la crianza de niños pequeños. Cada uno de esos retos requieren ajustes y generan estrés, lo cual afectará la respuesta sexual. Por eso es necesario aprender a manejar dichas etapas de manera correcta.

En este capítulo abordaremos estas diferentes etapas para que la mujer pueda tener las expectativas correctas y aprenda a manejarlas disfrutando el propósito de Dios para su sexualidad en cada una de ellas.

ETAPAS DE LA VIDA

Recién casados y sin hijos

La pareja enfrenta retos relacionados con el cambio de vida durante el inicio del matrimonio. Llegar a este, seguros y dispuestos a vivir juntos no significa que la adaptación no provoque tensiones y se necesiten ajustes frecuentes. Las mujeres luchan con expectativas muy altas con respecto a su papel. Convencidas de que su hogar las representa, pueden caer en el error de buscar su identidad en la belleza y el orden de la casa o en su rol como esposas perfectas, y llegar a sentirse agotadas sin necesidad.

No quisiera que las recién casadas piensen que estoy minimizando lo que enfrentan, puedo entender perfectamente lo que experimentan al sentir el peso de esa responsabilidad, porque yo también lo viví. Sin embargo, recuerda que tu valor y tu identidad no dependen de cómo luzca tu casa. La adaptación a la rutina necesaria para el funcionamiento de la cotidiunidad con tu esposo se va construyendo con el tiempo. No significa que no debas estar pendiente de las necesidades de tu casa, esposo y de las tuyas, sino que no te presiones y autoexijas más de la cuenta, hasta el punto de no disfrutar el proceso.

Debes tomar en cuenta lo que hablamos en el capítulo anterior, especialmente lo referente a la comunicación como un elemento clave para conseguir esa estabilidad tan necesaria que permita un equilibrio firme y de largo plazo. Define junto a tu esposo las expectativas del funcionamiento de la casa ajustadas de modo realista y de acuerdo con tus condiciones actuales.

Hace mucho tiempo que mi esposo y yo nos desempeñamos como consejeros prematrimoniales y hemos sido testigos presenciales de la transición de muchas mujeres que pasan de novias a esposas. Conversar con ellas acerca de esas emociones y planes es realmente un privilegio. Una de nuestras tareas más importantes es poder ayudarlas a organizar sus vidas de la mejor manera posible en esta nueva etapa.

En ese contexto, el tema de la anticoncepción debe revisarse. Los recién casados ya han pensado y se han puesto de acuerdo, bastante tiempo antes, en relación con la cantidad de hijos que quisieran tener y en qué momento. Este es un tema muy sensible porque sabemos que la vida la otorga el Señor y Él es el que debe decidir en estos asuntos. Sin embargo, sus hijos pueden ir delante de Dios en busca de dirección y también mostrando los deseos de sus corazones.

En el mismo sentido, otra decisión importante tiene que ver con la elección del método anticonceptivo que les permitirá organizar la vida sexual y la fecundidad. Existen muchos métodos anticonceptivos: de barrera; hormonales o no; así como los procedimientos anticonceptivos naturales, ya sea el método del ritmo, el de la temperatura basal, el de Billings, entre otros. El uso de cualquiera de ellos implica que la pareja decidirá cuándo embarazarse.

Más allá del método que escoja la pareja, es importante que ambos —pero sobre todo la mujer— estén pendientes de que ella no olvide tomarse la pastilla a la hora correcta, observar su ciclo, tomarse la temperatura y demás aspectos de seguimiento y control. Para algunas mujeres esto puede ser estresante por diferentes factores. Por ejemplo, la regularidad de su ciclo, el método que escoja (hay unos más seguros que otros) y su personalidad. Por eso es imprescindible que la pareja, luego de un tiempo de oración y reflexión delante de Dios, pueda descansar en su soberanía al decidir qué método va a usar y por cuánto tiempo.

Toda esa reflexión y planificación es importante porque el hecho de no definirlo varios meses antes del matrimonio puede afectar la experiencia sexual desde sus inicios. El temor a salir embarazada puede bloquear la respuesta sexual no solo al principio del matrimonio, sino en cualquier etapa. Lo recomendable es que la pareja hable del tema con sinceridad, profundidad y conocimiento de manera oportuna, busque la dirección de Dios y reciba la asistencia médica para tomar la decisión más adecuada.

Los métodos anticonceptivos naturales y hormonales tienen efectos sobre la sexualidad. Los naturales se practican para evitar el embarazo sin el uso de sustancias químicas. Requieren un buen conocimiento del cuerpo y del ciclo menstrual y, aunque no provocan efectos secundarios y son prácticamente gratuitos, no son cien por ciento efectivos para evitar el embarazo. La tasa tan baja de efectividad de este método hace que algunas mujeres lo rechacen o abandonen porque la incertidumbre les genera mucha ansiedad. Sin embargo, también otras lo usan con éxito.

Reconozco que no es un método para todas las mujeres porque requiere tener ciclos menstruales regulares, conocer bien el cuerpo y ser una persona bastante organizada que esté pendiente de las medidas que debe tomar cada día. Además, se necesita contar con el apoyo del esposo, ya que hay momentos en que no se «puede» tener relaciones sexuales con coito, por estar en los días de ovulación y se podría producir un embarazo.

Existe una variedad de métodos anticonceptivos hormonales. Entre los más usados están la píldora, la minipíldora, el parche, la inyección, el anillo vaginal, el implante subcutáneo y, de más larga duración, el dispositivo intrauterino. Para evaluar la relación entre los anticonceptivos hormonales y la sexualidad deben tomarse en cuenta diversas variables individuales, psicológicas y biológicas.

A veces es difícil encontrar el anticonceptivo ideal para cada mujer. Varios expertos en el tema señalan lo siguiente:

La aceptación de un método anticonceptivo depende
no solo de su tolerancia y neutralidad metabólica,

sino también del impacto que el método puede tener sobre la sexualidad y la calidad de vida. La consejería anticonceptiva necesariamente debe tener en cuenta estos importantes elementos, ya que el éxito de una elección anticonceptiva está estrechamente relacionado con la influencia que tendrá el método en la sexualidad.[1]

Los efectos secundarios en la sexualidad producto del uso de anticonceptivos hormonales no están bien estudiados, específicamente los relacionados con el deseo sexual. Estudios reportan que puede haber efectos mixtos sobre la libido, un pequeño porcentaje presenta aumento o disminución y a la mayoría no les afecta.[2]

Quisiera señalar dos elementos importantes con respecto a la anticoncepción antes de continuar. En primer lugar, la decisión de usar anticonceptivos debe tomarse de acuerdo con tu esposo. Aunque tu organismo es el que va a recibir el medicamento y tú eres la que va a quedar embarazada, igual es un tema sensible para ambos. No aconsejo que inicies el uso de anticonceptivos a espaldas de tu cónyuge y mucho menos suspendas su uso sin su conocimiento. Durante mi práctica profesional he visto los estragos de estas decisiones cuando son tomadas de forma unilateral. Cualquier decisión en el matrimonio afecta a ambos en alguna medida porque son una sola carne.

En segundo lugar, quisiera hablarte del tema de la automedicación. Muchos de estos productos farmacéuticos se expenden sin necesidad de prescripción médica, dando la falsa impresión de que son completamente inofensivos. Ya hemos dicho que encontrar el anticonceptivo adecuado para cada mujer no es siempre una tarea fácil. Por eso aconsejo recibir asistencia médica para poder escoger la mejor opción según tu condición física y tener una mayor seguridad en este aspecto tan importante del matrimonio. Los recién casados que han decidido con antelación y sabiduría cómo manejarán el tema de la procreación, deberían disfrutar de encuentros sexuales relajados y gratificantes.

Existen otros retos que afectan a las parejas de recién casados. Por ejemplo, la decisión de vivir en casa de uno de los padres. Mi consejo es que siempre la pareja de esposos debe vivir sola, preferiblemente a cierta distancia física de ambas familias.

Recuerdo un terapeuta de mucha experiencia que decía que la pareja debe vivir a suficiente distancia como para que ninguno de los padres pueda llegar fácilmente a pie. No sé cuál es la distancia exacta, pero definitivamente los límites con la familia de origen deben ser observados. Hay un dicho popular muy cierto que dice «el casado, casa quiere». Vivir separados de los padres al casarse es una necesidad legítima que no debe tomarse a la ligera porque es un mandato bíblico (Génesis 2:24; Mateo 19:5; Efesios 5:31).

La falta de privacidad erosiona la intimidad sexual. La mente femenina tiende a estar pendiente de la posibilidad de que los puedan escuchar o percibir algo de lo que ocurre en el lecho conyugal. Así que no se trata solo de tener una habitación privada, sino de disponer de un espacio en donde nada ni nadie se entere de lo que la pareja está haciendo, no solo en la intimidad, sino durante todo el día. Es cierto que algunas parejas no encuentran otra opción y se ven forzadas a vivir con sus padres, pero no es recomendable. Si tuvieran la necesidad de hacerlo, debe ser por poco tiempo.

Los recién casados y los retos nuevos van de la mano. La pareja inicia una aventura hermosa para toda la vida y los retos cumplen un papel importante en el proceso de madurez del matrimonio.

No debemos temer a las dificultades que de seguro vendrán a la vida matrimonial, sino caminar juntos guiados y protegidos por el Señor. Es posible que ya hayas enfrentado limitaciones económicas, horarios de trabajo extendidos, situaciones de salud, imprevistos relacionados con la vivienda, circunstancias difíciles con las familias de origen y muchas otras dificultades que debemos afrontar en este mundo caído e imperfecto. En primer lugar, recurran al Señor siempre y no dejen ninguna circunstancia fuera de su gracia porque nada escapa de su control soberano. Todo lo que Dios orquesta en tu vida tiene un propósito bueno (Romanos 8:28). Podemos hacer frente a cada situación que se presente con la esperanza de que nada toma a Dios por sorpresa.

Te recomiendo algunas rutinas saludables para incorporar desde el inicio de su vida juntos:

1. Orar juntos, de preferencia en la mañana antes de empezar las actividades diarias. Tomen unos minutos para preguntarse el uno al otro cuál es su necesidad de oración en ese día, luego oren de forma audible uno a la vez.

2. Disfrutar al menos de una de las comidas juntos, de lunes a viernes. No importa cuál sea, lo importante es que disfruten la oportunidad de estar juntos. Hay parejas que ni siquiera cenan juntos por razones de horario laboral. Recuerda que la conexión se construye en la cotidianidad.

3. Apoyarse en las tareas que deben realizar de manera repetitiva. Ya sea domésticas, reparaciones o hacer las compras. Ofrecerse ayuda debe ser parte de los hábitos buenos que desarrollen como pareja.

4. Velar por la salud de cada uno. En la medida de lo posible asistan juntos a los chequeos médicos.

5. Planificar juntos el fin de semana. Busquen comunicar lo que les gustaría hacer, ya sea quedarse en casa descansando o realizar alguna actividad especial. Hagan actividades juntos, solos y en compañía de otras parejas amigas.

El matrimonio que se inicia tiene que ser intencional en construir «nuestro mundo». Muchas parejas viven juntas, pero no han desarrollado un espacio común. Por eso terminan teniendo vidas paralelas, no necesariamente pecaminosas, pero que no disfrutan la conexión que ofrece el matrimonio. Si estás en la etapa de recién casados sin hijos, no descuides crear junto a tu esposo las bases de un matrimonio que se deleite, no solo en vivir bajo el mismo techo, sino que esté unido como una sola carne.

Embarazo

Estar embarazada es una etapa muy deseada por muchas mujeres, aunque en ocasiones llega de manera sorpresiva. Algunas pasan por esta etapa con pocos inconvenientes, en cambio otras sufren de malestares y dificultades que las acompañan durante toda la gestación. Cada embarazo es diferente y emocionante, pero el primero siempre generará más emociones en ambos cónyuges y en el resto de la familia. La llegada del primer embarazo supone un cambio radical en la dinámica del matrimonio. Los esposos ya no verán el futuro igual, todas las decisiones girarán en torno a la llegada de ese nuevo integrante a la familia.

Muchas mujeres tienen dudas sobre la intimidad sexual en el embarazo. Sin embargo, una mujer embarazada puede seguir disfrutando de relaciones sexuales satisfactorias durante esta etapa, a menos que sean contraindicadas por su médico. No obstante, el embarazo dura nueve meses y el cuerpo de la mujer va experimentando cambios durante cada uno de los trimestres. En sentido general, el deseo sexual puede ir disminuyendo en la medida en que avanzan los meses de gestación. Esta disminución es más notoria en el tercer y último trimestre.[3]

El embarazo trae cambios no solo en el cuerpo y en toda la vida de la mujer, sino también en la relación de pareja. Diferentes estudios en mujeres embarazadas demostraron que, a pesar de que el deseo sexual podría ir en descenso, la satisfacción marital se mantuvo sin cambios. Los hallazgos sugieren que el progreso del embarazo puede afectar de forma independiente la sexualidad y la calidad de las relaciones.[4] Estas son buenas noticias porque los meses del embarazo pueden ser un tiempo para fortalecer la relación. No significa que será siempre fácil, pero puede y debe ser gratificante ir preparándose juntos, afianzando la relación para la llegada de su hijo.

Disfruta las relaciones sexuales durante el embarazo en la medida de lo posible. Recuerda que al final de este podría ser más difícil o estarás muy cansada; luego del parto y durante las primeras semanas posteriores, las relaciones coitales estarán contraindicadas. Por lo tanto, hagan los ajustes necesarios para el disfrute sexual en términos de horarios, posiciones y dinámica, de manera que ambos se sientan satisfechos en medio de las circunstancias particulares que están enfrentando.

Lactancia

Un bebé recién nacido es completamente dependiente y necesita de cuidado constante para subsistir. La madre es la primera fuente para satisfacer esas necesidades. La madre responde de forma casi instintiva y pone toda su atención al bebé desde el momento en que da a luz. Durante los primeros meses confluyen las necesidades de la criatura con los recursos provistos por la madre.

Esos primeros meses son de mucho esfuerzo y desvelo; las noches son largas y el cansancio se extiende durante todo el día. El cansancio no es solo físico, sobre todo si es el primer bebé, sino también emocional y puede llegar a ser completamente agotador. Se dice que los bebés no vienen con un manual, cada uno es diferente, y la madre poco a poco, a medida que pasan los días, va conociendo a su hijo y sintiendo seguridad en lo que debe hacer para satisfacer sus necesidades.

Los primeros meses de maternidad son muy intensos para la madre, aun cuando el padre se involucre, lo cual es muy necesario. Me parece oportuno señalar la importancia de la ayuda de tu esposo en las dinámicas habituales y rutinarias con el recién nacido. Algunas mujeres temen que sus esposos no lo hagan bien, que cometan errores y por eso no les permiten participar en el cuidado del infante.

El involucramiento de los padres es una necesidad para la madre, pero también para el bebé y el propio papá. Anima a tu esposo para que participe con seguridad y disposición en el cuidado del pequeño. Esta etapa deben disfrutarla juntos y sin duda será de gran bendición y cohesión familiar para los tres. Por ejemplo, si eres una madre lactante, tu esposo podría traerte el bebé durante la noche o cambiar los pañales y hasta bañarlo, de manera que puedas hacer otras cosas para el niño o para ti, como bañarte, subir los pies y descansar la espalda por unos minutos.

La lactancia es un acto hermoso de entrega y amor. Una práctica que tiene muchos beneficios para el neonato, pero también para la madre. Los niveles de estrógeno y progesterona disminuyen y los de prolactina y oxitocina aumentan después del parto. Ambos influyen en la lactancia porque la progesterona estimula la producción de leche y la oxitocina es responsable del reflejo de eyección de la misma, además de promover la contracción uterina. Las dos hormonas tienen un efecto psicológico en la madre, produciendo en ella una sensación de bienestar y satisfacción.

Durante la etapa de la lactancia la mujer puede excitarse rápidamente, ya que está muy en contacto con su cuerpo. Sin embargo, su deseo sexual puede disminuir debido a la lactancia frecuente y a un patrón de sueño alterado, lo que resulta en un estado de fatiga constante. Además, es importante que consideres que en esta etapa la mujer presenta una lubricación vaginal escasa cuando se excita, por lo que es recomendable el uso de lubricantes, los cuales pueden formar parte de la dinámica de juegos sexuales durante el preámbulo. En general, pareciera que la frecuencia de las relaciones sexuales suele ser baja durante los primeros meses de lactancia.[5]

Aunque la lactancia es un proceso natural, no todas las madres lo experimentan de la misma manera. Algunas mujeres no logran dar de lactar de forma exclusiva a su bebé por diferentes razones. De ninguna manera debes sentir que eres una madre deficiente si ese fuera tu caso. Para Dios eres la madre ideal de los hijos que Él te ha entregado de forma soberana. Él tiene un propósito particular con cada criatura que coloca en el vientre de una mujer. Por otro lado, el que no estés lactando no significa que no estés entregando todo el esfuerzo y el cuidado a tiempo completo para suplir las necesidades de tu bebé. Toda madre experimenta cambios físicos y emocionales naturales que deben ir ajustándose en la medida que transcurren los primeros meses de vida de su hijo.

Es recomendable que la pareja establezca rutinas para el buen funcionamiento de la familia. Por ejemplo, bajar la intensidad de los estímulos auditivos y visuales previo a la hora de dormir, preferiblemente al final de la tarde y a la misma hora. Luego del baño con agua tibia se debe llevar al bebé a su habitación, que ya debe estar con poca luz y en silencio (algunas madres ponen ruido blanco), para realizarle un masaje suave. Todo esto busca recrear el ambiente intrauterino. Aunque en los primeros meses se despierte con frecuencia, las rutinas traerán beneficios en el futuro cercano y ayudarán a los padres a ir recuperando el espacio de pareja y, por supuesto, el merecido descanso.

Matrimonio con niños pequeños

La dinámica familiar cambia sustancialmente con la llegada de los hijos. El rol de la mujer en la crianza de los hijos es significativo y el peligro de descuidar la relación de pareja es muy alto. Las demandas de los hijos son constantes y si los padres no son conscientes de la importancia de cuidar el vínculo marital, podrían empezar a desestabilizar y debilitar su relación y, por ende, a toda la familia. Los hijos son una bendición que debemos cuidar, pero también ellos necesitan que se les provea estabilidad y seguridad que solo será posible cuando sus padres gozan de una buena conexión emocional y mantienen una relación marital estable.

Cuando hay niños pequeños se cuida el matrimonio estableciendo límites saludables de manera calmada y constante. Los hijos deben tener claro que en casa hay una autoridad y que, definitivamente, no son ellos. Los padres no deben temer decir «no» a sus hijos, necesitan corregirlos y, cuando lo amerite, aplicar las consecuencias precisas. Ambos padres deben estar de acuerdo con la crianza de sus hijos y participar de manera activa en la misma.

Como la madre juega un rol muy significativo en la crianza de los niños, con frecuencia se encuentra cansada y requiere la ayuda de su esposo. Ya hemos mencionado que la pareja debe participar en la planificación de rutinas familiares que se ajusten a las necesidades de los pequeños y también de los esposos. Es importante separar tiempos frecuentes e intencionales de pareja para estar juntos, conversar sobre el día y tener oportunidades de salidas sin hijos.

Te animo a que no dudes en decirle a tu esposo cómo te sientes en esta etapa, coméntale los avances en el desarrollo de tus hijos y mantenlo informado, hazlo con alegría, pero al mismo tiempo cuéntale tus luchas físicas, emocionales y espirituales. Dile si necesitas más ayuda o descanso, puede que juntos encuentren alguna alternativa que sea útil para solucionar la dificultad.

Como hemos comentado en capítulos anteriores, planifica encuentros sexuales con tu esposo. No se mata el amor ni la pasión al planificar. No pienses que todo debe surgir de manera mágica porque «nos queremos mucho». La rutina de los afanes diarios puede envolverlos hasta el punto de que pierdan la oportunidad de disfrutar el uno del otro.

Muchas parejas reportan que, después de la llegada de los hijos, la frecuencia sexual baja de forma significativa. Como me dijo un paciente: «Al principio, cuando nació mi hija, lo podía entender, pero esa niña ya está grande y parece que mi esposa se olvidó de mí». Debemos tener mucho cuidado con el descuido de la vida íntima en nuestro matrimonio.

Estamos unidas en una sola carne a nuestro esposo. Tu primer ministerio, tu prioridad es tu esposo, sin importar la etapa en que se encuentre el matrimonio. Por supuesto que hay ajustes que ambos deben hacer para poder satisfacer las necesidades de sus hijos, pero eso no significa, de ninguna manera, dejar de cultivar la relación de pareja. Se entiende que la frecuencia sexual disminuya durante los primeros meses después del nacimiento del bebé, pero aun en ese momento debe haber una comunicación fluida entre los esposos para que las expectativas estén claras.

El espacio de pareja se debe ir recuperando a medida que los niños van creciendo. Lo que puede impedir que eso suceda sería la falta de límites. Por ejemplo, niños sin rutinas para comer, dormir, jugar, bañarse o que duermen en la habitación de los padres. Estos desórdenes con los niños son resultado de padres que no son consistentes en el estilo de crianza de los hijos. También se da cuando los esposos no priorizan la necesidad de su cónyuge por encima de sus propios deseos. Finalmente, el resultado son familias desorganizadas, sin estructura y con poca estabilidad.

La Palabra de Dios nos exhorta a cumplir nuestros roles familiares para que faciliten el buen funcionamiento de la familia. No escatimes esfuerzos en mejorar la dinámica de tu familia, pero nunca pienses que lo podrás hacer en tus fuerzas. El Dios bueno que establece cómo debemos vivir, nos capacita para lograrlo en el poder de su Espíritu que habita en nosotras.

Criar hijos pequeños y al mismo tiempo cuidar tu relación matrimonial no es tarea fácil, pero puedes contar con la ayuda sobrenatural de nuestro Dios. No esperes estar cansada o abrumada luego de semanas o meses de hacerlo sola, acude a Dios ahora, acércate diariamente con la certeza de que Él te guiará y renovará tus fuerzas. Ora por sabiduría, gracia, fortaleza, en cuanto a tu esposo, tus hijos y por ti. A través de Cristo tenemos acceso al Padre, mantente cerca de Él. También puedes orar por la vida íntima de ustedes para que el Señor les permita tener relaciones saludables, gozosas y placenteras.

Inicio de la etapa escolar

El inicio de la etapa de escolaridad de los hijos es muy emocionante para los padres. Desde la selección del colegio más adecuado hasta el seguimiento académico y la logística diaria, todo esto requiere de mucha comunicación y manejo de estrés en la pareja.

Las madres están muy pendientes del desarrollo académico de su hijo y de su adaptación a las rutinas escolares. Es indudable que estos cambios y las demandas escolares afectan la dinámica familiar. Los días pueden tornarse más agotadores porque incluyen muchas ocupaciones nuevas, desde supervisar tareas escolares hasta cuidar las demás áreas y necesidades de la vida familiar. En ese contexto, muchas mujeres suelen colocar el autocuidado y las necesidades sexuales propias y las de su esposo en último lugar.

Muchos padres se ven frustrados y sobrecargados con las rutinas familiares durante el tiempo escolar porque no han trabajado las rutinas de los niños desde que nacen. Esa etapa será más llevadera cuando se ha educado a los niños con rutinas saludables, ya que solo tendrán que agregar o modificar algunos elementos de estas. Si tus hijos están acostumbrados a las reglas familiares, como la responsabilidad de organizar sus juguetes y sus útiles, y tienen las rutinas incorporadas en su comportamiento diario, entonces la transición será más fácil. Por el contrario, si llegas hasta el final del día corrigiendo a tus hijos para que obedezcan y se vayan a dormir, vivirás agotada. Una mujer que vive acumulando cansancio con regularidad, tiene el deseo sexual disminuido, sin mencionar los efectos en su estado emocional. No será el mejor escenario para encuentros sexuales gratificantes.

Si este es tu caso, te animo a definir las reglas y rutinas mínimas que necesitas para que tus hijos desarrollen la responsabilidad y el autocontrol que se precisa para una convivencia más eficiente. Habla con tu esposo, pídele ayuda, recuerda que son un equipo. Él desea una esposa más descansada y una casa donde haya cierto grado de orden. En el mismo sentido, tú necesitas ver a tu esposo colaborando con el orden y la crianza de tus hijos. El resultado de ese esfuerzo beneficiará a todos en casa y será valorado al ver sus frutos a medida que pase el tiempo.

En la medida en que los hijos se van haciendo más grandes, es mucho más fácil disfrutar del tiempo de pareja. Pueden pedir a alguna persona de confianza que se quede al cuidado de ellos, mientras ustedes salen a pasar un rato a solas. Una vez más quisiera recalcar que es de suma importancia que los esposos sean intencionales en esta práctica de fortalecimiento de su relación, ya que el riesgo de descuidarla es muy alto desde la etapa anterior.

Nunca es tarde para retomar la intimidad emocional y sexual en el matrimonio. Aunque sabemos que las salidas no tienen un efecto mágico en la relación marital, igual la ruptura de la rutina, salir a hablar temas de adultos o relacionarse con amigos o tener algún detalle especial, ayudará a que ambos miembros de la pareja se enfoquen en el fortalecimiento y la salud de su vida íntima.

Tus hijos seguirán creciendo y se enfrentarán a nuevos retos que ustedes compartirán con ellos. Si tú y tu esposo cuidan su conexión emocional y aprenden a ser un equipo bien cohesionado, entonces podrán disfrutar de la intimidad sexual mientras ellos van creciendo y sus demandas van cambiando. Los hijos podrán ver los resultados de una intimidad saludable entre sus padres y percibirán que entre ustedes hay una complicidad especial que los hará anhelar casarse para vivir esa misma experiencia.

Menopausia

La menopausia es una etapa caracterizada por cambios físicos y sociales que afectan a cada mujer de manera diferente. Me refiero al momento que marca el final de los ciclos menstruales. Se diagnostica como presente después de que transcurren doce meses sin que tengas un período menstrual. Puede ocurrir entre los 40 y 50 años, pero la edad promedio es a los 51. La característica que define la menopausia es, obviamente, el cese de la menstruación y la consiguiente pérdida de fertilidad y capacidad reproductiva. Este período puede ser muy importante para las mujeres sin hijos, así como también para las madres.

Esa etapa en la vida de la mujer coincide regularmente con la transición en los roles familiares. Por un lado, los padres envejecen y los hijos ya son mayores, entran a la adolescencia o empiezan a dejar el hogar. Puede que la familia requiera un mayor esfuerzo en el cuidado de padres ya ancianos, hijos adolescentes o nietos. Incorporar esas nuevas responsabilidades a la vida diaria generará un impacto tanto en la esfera física como en la emocional.

La menopausia es un proceso biológico natural. Sin embargo, los síntomas físicos como sofocos y los de tipo emocional pueden alterar el sueño, disminuir la energía o afectar la salud mental. Son notables los cambios de humor y el desarrollo de una serie de afecciones médicas, por ejemplo, la osteoporosis, enfermedades cardíacas y hasta Alzheimer. Según su condición, cada mujer experimentará y responderá a estos cambios de diversas formas y en distintos grados.

Los cambios que se experimentan en la menopausia están relacionados con la evolución natural de los ovarios. La función ovárica va disminuyendo y, con ello, la producción de estrógenos. Una de las primeras evidencias de este cambio hormonal son los ciclos menstruales irregulares. La mujer puede presentar sangrados cortos o muy largos, así como ausencia de la menstruación por unos meses y luego su reaparición repentina. Es recomendable que visites a tu ginecólogo para una revisión cuando tengas estos síntomas.

Los cambios hormonales traen consigo efectos físicos en la mujer como sofocos, sudoraciones nocturnas o alteraciones del sueño. La disminución del metabolismo pudiera provocar aumento de peso y, por lo tanto, cambio en la apariencia del cuerpo. Si a todo lo anterior le agregamos el estrés que se maneja en esta etapa, fruto de la transición familiar que mencionamos, es compresible que una mujer experimente cambios repentinos de humor, irritabilidad, ansiedad y cansancio.

La disminución de estrógenos podría producir estados depresivos, ya que interfiere con la producción de serotonina que es un neurotransmisor que regula el estado de ánimo. No todas las mujeres experimentan esta etapa de la misma manera. A algunas les resulta más fácil que a otras la adaptación a los cambios, pero eso depende de la estabilidad emocional con la que haya llegado a dicha etapa.

El impacto de la menopausia suele ser evidente con relación a la sexualidad. La percepción sobre el sexo puede ir cambiando. Por un lado, algunas experimentan disminución o falta de interés en el sexo. Un elemento que influye directamente en la disminución del deseo sexual en la menopausia es la resequedad vaginal. Debido al declive de los estrógenos, la vagina sufre una atrofia, no se produce lubricación y la penetración resulta dolorosa y, en consecuencia, es desagradable. Existen en el mercado alternativas para paliar esta situación, desde cremas con estradiol y lubricantes con ácido hialurónico, hasta los suplementos con hormonas biosintéticas y el uso del láser. Mi consejo es que no intentes acceder a esas soluciones sin supervisión médica. La automedicación no es recomendable en estos casos.

Por otro lado, no todas experimentan una disminución en su deseo sexual. Muchas mujeres se sienten liberadas al estar en una etapa personal y matrimonial más segura, por lo tanto, las relaciones sexuales recobran valor y la necesidad se acrecienta en este momento de sus vidas.

En ambos casos, más allá de las soluciones y alternativas médicas, la conexión emocional entre la pareja mantiene un lugar importante porque podría definir el futuro de la vida íntima de los cónyuges. La empatía y el nivel de cercanía emocional que han construido con los años se hará evidente en la aceptación mutua de los cambios naturales que experimentan sus cuerpos. Aun si no se sintieran tan conectados, este ciclo por el que están atravesando les ofrece la oportunidad de reencontrarse y validar todos los logros que han alcanzado a lo largo de los años.

Puede que las relaciones no tengan la misma frecuencia que antes. Sin embargo, si el vínculo marital se ha fortalecido con los años, los encuentros sexuales serán más cálidos y emocionalmente más profundos. Cualquiera sea la edad que tengas, puedes disfrutar de intimidad sexual con tu esposo. Si sientes alguna molestia física, no dudes en consultar a tu médico. Si el malestar es emocional, entonces busca orientación con un terapeuta sexual.

Hemos visto cómo cada etapa que vivimos, tanto familiar como personal, impacta nuestra sexualidad. En cada una de ellas debemos buscar alternativas saludables para preservar el disfrute sexual. Sabemos que a Dios le agrada que cuidemos el disfrute íntimo en nuestro matrimonio. Sin embrago, me imagino que debes preguntarte lo que no se debe hacer en la intimidad sexual. En el próximo capítulo hablaremos de ese tema importante, tan poco discutido y considerado por muchos como un tabú.

CAPÍTULO 7

LÍMITES BÍBLICOS EN LA DINÁMICA SEXUAL

ios diseñó el placer sexual en el matrimonio para el disfrute de los esposos. Aunque lo hizo santo, hermoso y completo, el pecado ha distorsionado mucho de este diseño. Por tanto, ha traído consecuencias traumáticas para la humanidad. A nuestra naturaleza humana no le gusta que le pongan límites, así que la tendencia natural es rebelarse debido a que sus impulsos descontrolados la empujan a satisfacer sus deseos sin la mayor reflexión sobre las consecuencias.

Los límites son necesarios para vivir de manera saludable, no solo en el ámbito de la sexualidad, sino en todas las demás áreas de nuestra vida. De seguro has escuchado la frase popular que dice: «Todo en exceso hace daño», una muy cierta y sabia. A diferencia de lo que se piensa comúnmente, los límites dan libertad, seguridad y permiten que se pueda disfrutar plenamente sin temor a hacernos daño o experimentar consecuencias desagradables. Henry Cloud plantea que los límites «definen lo que soy y lo que no soy».[1] Además agrega: «... muchos síntomas sicológicos y clínicos, tales como la depresión, trastornos de ansiedad, desórdenes de la alimentación, adicciones, trastornos impulsivos, problemas de culpa, vergüenza excesiva, trastornos de pánico, problemas matrimoniales y relacionales se originan en un conflicto de límites». No deberías considerar los límites como algo negativo que te restringe o te impide vivir a plenitud. Por el contrario, deberías verlos como vallas que definen el espacio donde puedes disfrutar la vida sin temor.

Es importante reconocer que no somos nosotros los que establecemos nuestros límites basados en nuestros gustos, sabiduría o experiencia, sino que es Dios el que los define para que podamos vivir a plenitud. Él sabe lo que es más conveniente para nosotras y en su bondad nos señala la ruta y la forma correcta por donde podemos caminar seguras. Podríamos decir que su amor nos limita para nuestro bien.

Esos límites bondadosos y sabios de Dios también incluyen nuestra sexualidad. Ya explicamos en el primer capítulo que a Dios le importa tu sexualidad. Él está interesado en toda tu vida, incluyendo tu salud espiritual, emocional y también sexual. Todos esos aspectos son regalos de Dios para ti, incluyendo tu matrimonio. Los límites en la sexualidad protegen a la pareja, la cuidan de heridas y malos condicionamientos que afecten el futuro de la vida sexual de ambos. Dios no es un aguafiestas cósmico que trata de aburrirnos la vida; por el contrario, anhela que sus hijas vivan su diseño a plenitud.

El sistema de valores del mundo nos presenta opciones de placer sexual que no solo son diferentes, sino contrarias a lo establecido por Dios. Esto no debería sorprendernos, pues, fruto del pecado, la mente de los incrédulos está oscura, ellos no pueden ver con claridad lo que les resulta conveniente y niegan la gloria de Dios (Romanos 1:21-23). Pablo fue sumamente claro cuando dijo, guiado por el Espíritu Santo: «Por lo cual Dios los entregó a la impureza en la lujuria de sus corazones, de modo que deshonraron entre sí sus propios cuerpos» (1:24).

Dios ha establecido límites muy claros para el matrimonio en las Escrituras: *Sea* el matrimonio honroso en todos, y el lecho *matrimonial* sin deshonra, porque a los inmorales y a los adúlteros los juzgará Dios» (Hebreos 13:4).

Dios instituyó el matrimonio desde la creación, dándoles a los cónyuges el regalo del placer sexual para ser disfrutado dentro de esos límites de fidelidad y amor matrimonial. Cualquier actividad sexual fuera del matrimonio será juzgada por Dios, al igual que cualquier actividad inmoral que deshonre la pureza y manche la santidad que debería reflejar esa institución divina. La Biblia nos advierte de manera precisa que cualquier inmoralidad o acto de impureza no deberían pasar por nuestras mentes: «Pero que la inmoralidad, y toda impureza o avaricia, ni siquiera se mencionen entre ustedes, como corresponde a los santos» (Efesios 5:3). Dios es santo y todo debe reflejar su santidad y honor. El matrimonio, el sexo y sus hijas también deben glorificarlo por completo.

El término *límites* para definir la santidad de Dios no es nuevo porque vemos al Señor usándolo desde muy temprano en el Antiguo Testamento. Cuando estaba consagrando a su pueblo, dándole todas las instrucciones a Moisés de la manera en que el pueblo debía prepararse le dijo: «Pondrás límites alrededor para el pueblo, y dirás: "De ningún modo suban al monte o toquen su límite. Cualquiera que toque el monte, ciertamente morirá"» (Éxodo 19:12).

En este caso vemos que se trata de límites físicos que definían la presencia santa de Dios. De la misma manera, la vida sexual matrimonial debe tener límites que la protejan de la inmundicia del pecado para que, al someterse a los lineamientos y la voluntad del Señor, pueda reflejar el vínculo sagrado del diseño de Dios del matrimonio.

PRINCIPIOS BÍBLICOS
SOBRE LA SEXUALIDAD

Hay muchas situaciones en nuestras vidas que no están descritas en la Biblia de manera específica, por ejemplo, mudarte de casa o de país, cambiar de trabajo, elegir el centro escolar donde poner a tus hijos, etc. Sin embargo, en la Palabra de Dios encontramos principios generales que nos guían en sabiduría para poder obedecer al Señor en esas situaciones particulares. Creo que es importante que definamos algunos principios bíblicos que sustentan dichos límites antes de plantear los de la sexualidad en el matrimonio, de manera que puedas aplicarlos a cualquier caso que experimentes en tu propia vida o que simplemente vengan a tu mente.

Exclusividad sexual

Jesús afirmó: «Ustedes han oído que se dijo: "No COMETERÁS ADULTERIO". Pero Yo les digo que todo el que mire a una mujer para codiciarla ya cometió adulterio con ella en su corazón» (Mateo 5:27-28).

El sexo es exclusivo para el disfrute de los esposos. No hay espacio para nadie más, ni siquiera en tu imaginación. Todo tu cuerpo, incluyendo tu mente, debe estar conectada con tu esposo y viceversa. Dios reprueba que rompas el pacto matrimonial. El adulterio es infidelidad que quebranta la unión de una sola carne con tu esposo. Somos una sola carne porque hacemos un pacto con Dios de ser fieles a nuestro cónyuge al casarnos. Esto significa que renunciamos a los demás hombres para vivir en una unión permanente con uno solo, tu esposo. Cualquier actividad sexual, sea física o imaginaria, que realices con otra persona que no sea tu cónyuge es pecado y Dios lo llama adulterio.

No fomentar el egoísmo

«No hagan nada por egoísmo o por vanagloria, sino que con actitud humilde cada uno de ustedes considere al otro como más importante que a sí mismo, no buscando cada uno sus propios intereses, sino más bien los intereses de los demás» (Filipenses 2:3-4).

Martín Lutero solía decir que el matrimonio formaba el carácter. Entramos en un proceso intensivo de entrenamiento del carácter desde que nos casamos. A partir del primer día de casados brota nuestra tendencia egoísta aun en las pequeñas cosas. A veces expresamos lo que pensamos o sentimos y otras solo queda en nuestros corazones. Nuestras mentes suelen divagar con pensamientos como: *No entiendo por qué mi esposo no hace las cosas como yo le digo. Solo piensa en él y no en mí. Si me ama, se supone que él debería complacerme.* Vivimos muy centradas en nosotras mismas, olvidamos que nuestras vidas no son de nosotras, sino de Él cuando venimos a Cristo.

La vida matrimonial nos santifica porque se encarga de empujarnos para que veamos nuestras actitudes pecaminosas. Esto debe ser motivo de gratitud para con Dios porque nos muestra su cuidado al no dejarnos como somos. El Señor extiende su gracia para bendecirnos al transformarnos. Crecer en el carácter de Cristo nos da libertad; la madurez cristiana nos capacita para tener vidas más plenas, ya que nos permite vencer el pecado que habita en nosotras.

La intimidad sexual es un espacio donde también se pone en evidencia quiénes somos. La pareja de esposos comparte este espacio único debido a que han asumido el compromiso de vivir juntos, amarse sin condiciones y crecer juntos. El amor pone al otro primero, no busca simplemente su beneficio, sino que toma en cuenta al otro. Cuando el apóstol Pablo define el amor, no lo hace basado en sentimientos o percepciones, sino describiendo cuál es la conducta de la persona que ama. Esa persona es descrita como dadora, alguien que busca el bienestar del amado sin tomar en cuenta lo negativo que haya recibido. «No se porta indecorosamente; no busca lo suyo, no se irrita, no toma en cuenta el mal *recibido*» (1 Corintios 13:5).

Si hay un amor sincero y sacrificado dentro de los límites de una relación única en el matrimonio, entonces ninguna práctica sexual debe ser egoísta, porque de esa manera desdice el amor tal como Dios lo ha concebido. Por el contrario, el placer sexual debe ser una manifestación del amor mutuo que produce el disfrute recíproco simultáneo. Cualquier práctica que no involucre a tu esposo, ya sea que la hagas a escondidas o a solas, aun cuando él lo sepa, es pecaminosa. El placer sexual es un espacio de dos personas, no más, pero tampoco menos.

> El placer sexual debe ser una manifestación del amor
> mutuo que produce el disfrute recíproco simultáneo.

Ya que estamos hablando del amor y cómo luce en el acto sexual, es bueno señalar que ninguna práctica sexual debe ser impuesta, aunque no sea pecaminosa en sí misma. Pueden existir deseos de practicar alguna posición o tipo de caricia que no están prohibidas, pero que pueden no agradarle o molestarle por diferentes razones a uno de los cónyuges. Ya que el amor «no busca lo suyo», entonces no debería imponerse; podrías intentar convencerlo para que lo pruebe alguna vez, si es que se siente en la disposición de hacerlo, pero no podrás imponerlo simplemente porque lo deseas o porque debe cumplir con sus responsabilidades sexuales. El amor es paciente, bondadoso, busca el bien del amado y no impone sus deseos.

Uso natural de nuestros cuerpos

Dios creó todas las cosas, incluidos nuestros cuerpos, con un propósito; cada una de ellas muestra sin excepción un diseño inteligente y sabio. Hacer un uso inapropiado o contranatural de cualquier parte de nuestros cuerpos traerá consecuencias, no solo espirituales, sino también físicas. Recuerda que Dios es sabio y nos pone límites para nuestro bien, límites que aseguran nuestra plenitud y seguridad.

Nuestra responsabilidad es cuidar de nuestro cuerpo, valorarlo como un regalo de Dios. Reconocer las habilidades y desarrollar sabiamente las capacidades que nos han sido entregadas en nuestro físico es beneficioso para cada una de nosotras. Por lo tanto, hacer un uso inadecuado de nuestros cuerpos puede ser perjudicial y acarrear consecuencias a mediano y largo plazo.

Cada uno de los órganos sexuales tiene funciones determinadas en el diseño de Dios, tal como vimos en el segundo capítulo al estudiar la respuesta sexual. Existe un despliegue de funciones en secuencia que permiten el flujo de esa respuesta. Además, cada órgano está constituido por una estructura requerida de forma específica para la tarea a realizar. Por ejemplo, el tejido de la vagina no es igual al del útero, los labios menores o el clítoris. Dios ideó el placer sexual y Él mismo se encargó de que no faltara nada en su diseño perfecto. La manera en que el pene entra a la vagina nos muestra sabiduría, propósito y delicada belleza. Cada órgano realiza su función y encaja en un lugar y un momento específico para que los esposos puedan intimar de una forma cómoda, placentera y cercana. Toda la creación, incluidos también los órganos sexuales, muestra un diseño inteligente.

A pesar de toda esa belleza, que deberíamos disfrutar tal y como nos fue entregada por el Creador, la realidad es que la entrada del pecado trajo consigo el desvío y deterioro del uso natural de nuestros cuerpos con respecto a la intimidad sexual. La Biblia dice que el hombre, en lugar de reconocer a Dios y darle gracias, se envaneció en sus razonamientos, creyó que podía mejorar o ir en contra del diseño de Dios, pero los resultados fueron funestos. Creyendo ser sabios, se hicieron necios (Romanos 1:21-22).

En consecuencia, Dios tomó una decisión: «Por lo cual Dios los entregó a la impureza en la lujuria de sus corazones, de modo que deshonraron entre sí sus propios cuerpos» (1:24). Luego agrega: «Por esta razón Dios los entregó a pasiones degradantes; porque sus mujeres cambiaron la función natural por la que es contra la naturaleza» (1:26).

A Dios sí le importa lo que sus criaturas hagan con sus cuerpos. No es bíblica la idea de que mi cuerpo es mío y puedo hacer lo que quiera con él. Dios está pendiente de cada detalle de nuestras vidas y hasta de cada motivación de nuestros corazones. Fuimos creadas con un propósito eterno y nuestros cuerpos también deben reflejar la sabiduría de nuestro Señor, que es dueño de nuestras vidas. Los textos que acabamos de leer nos permiten ver a un Dios cercano, que está muy atento a la vida de los seres humanos que creó, trayendo plenitud a los que viven conforme a su diseño y consecuencias por el pecado cometido aun en la intimidad sexual.

Dios le llama impureza, deshonra y pasión degradante al que hace uso antinatural de su cuerpo en la búsqueda de placer. Son palabras fuertes y no pueden ser llamadas de otra manera. Este tipo de práctica hace de la intimidad sexual un acto sucio, desagradable, doloroso y traumático. Nada que embarre, degrade o ensucie la belleza de lo creado por Dios debe permitirse en la intimidad de una pareja creada a su imagen. Él no lo pasa por alto porque se trata de una ofensa grave cuando una criatura, diseñada a su imagen con tanto detalle y sabiduría, se rebela contra su Creador y de manera pretenciosa presenta un «mejor plan» a Dios. Su plan es inmejorable porque Él es inmensamente sabio y todopoderoso.

PROHIBICIONES BÍBLICAS

Infidelidad/Adulterio

Espero que tengamos claro que ser infieles a nuestros esposos es pecado delante del Señor. Sin embargo, nunca está de más recordar incluso lo evidente. La infidelidad erosiona el matrimonio, ya sea que se trate solo de una experiencia emocional o que llegue a materializarse con encuentros románticos o sexuales.

Algunas personas piensan ingenuamente que, si su pareja no se entera, no habrá problemas. Eso de que «ojos que no ven, corazón que no siente» no se aplica en estos casos. Un cónyuge empieza a desconectarse del vínculo marital cuando desvía sus afectos hacia alguien fuera de su matrimonio. He observado en mi práctica terapéutica que cuando un paciente expresa desdén, exceso de crítica y falta de interés por estar cerca de su pareja, él o ella podría estar teniendo, al menos, fantasías o luchas con el manejo de límites con el sexo opuesto. Por eso busco el momento para preguntar y facilitar el espacio para una confesión sincera.

Las mujeres somos románticas y soñadoras, lo cual no es negativo en sí mismo. El problema se presenta cuando esos sueños y fantasías son la base de nuestra expectativa matrimonial. El matrimonio no es un cuento de hadas. De seguro recuerdas los cuentos infantiles de princesas que al final decían algo como: «Se casaron y fueron felices para siempre». Pienso que sería interesante, por ejemplo, hacer la segunda parte de la Cenicienta. Me pregunto:

¿cómo se portará el príncipe después de un par de meses? ¿Será tan caballeroso al levantarse en la mañana? ¿La excenicienta será una mujer obsesiva con la limpieza y andará quejándose del personal de servicio? ¿Le hablará al príncipe con tanta dulzura cuando esté en su tiempo premenstrual o simplemente cuando se sienta cansada? Puede que te estés riendo conmigo, pero ese tipo de ideas y fantasías que vemos en los cuentos o en las novelas nos producen mucha insatisfacción en el día a día. En lugar de aceptar que estamos en un mundo caído, que el matrimonio es una relación que siempre puede ser mejorada y que nuestra satisfacción y plenitud está en Cristo, andamos obsesionadas tratando de que nuestro esposo sea como anhelamos en nuestra mente. En la medida que ambos cónyuges están plenos en Dios, la vida juntos se hará más satisfactoria.

Estar insatisfechas en nuestro matrimonio nos hace vulnerables, abre una puerta que nos lleva a la crítica, la queja, la ingratitud y también a las comparaciones. Otros hombres parecen más interesantes que nuestro esposo, y empiezan los problemas. Poco a poco pudiéramos comenzar a traspasar los límites saludables que debemos observar con el sexo opuesto. Todo puede iniciarse de manera muy sutil y llegar a convertirse en una relación de confidencia, en la que uno de los dos o ambos exponen sus problemas maritales y se aconsejan. ¡Mucho cuidado! ¡No seas consejera de esposos ajenos! Estás pisando terreno peligroso. Puede que no veas el peligro, quizás pienses que se trata de una amistad sana, pero te invito a reflexionar más profundamente respondiendo estas preguntas:

- ¿Serías capaz de comentarle a tu esposo sobre ese «amigo» y dejarle saber que lo estás aconsejando para ayudarlo en su relación de matrimonio?

- Si la motivación es ayudar a ese hombre, ¿por qué la idea de incluir a tu esposo en la conversación te parece extraña?
- ¿Ocultas o borras el contenido de las conversaciones?
- ¿Le comentas temas que no tratarías con otro amigo?
- Cuando te sientes triste o se presenta un problema, ¿piensas en buscar consuelo o consejo en esa persona antes que en tu esposo?
- ¿Te sientes más cómoda hablando con él que con tu esposo?
- ¿Sientes necesidad de hablarle con mucha frecuencia, tal vez a diario, para contarle tu día?
- ¿Fantaseas con la idea de ser su esposa o tener algún tipo de cercanía física con él?

Creo que estas preguntas podrían ayudarte a revelar en qué situación te encuentras con respecto a los límites que pudieras estar vulnerando con el sexo opuesto. Te exhorto a ser sincera y no minimizar la realidad. Acércate al Señor y pídele al Espíritu Santo que te ayude a ver tu corazón como Él lo ve, que te conceda arrepentimiento y perdón. Busca ayuda con alguna consejera de tu iglesia o alguna hermana en Cristo experimentada que pueda aconsejarte con discreción. Debes cortar el contacto con esa persona de manera radical y, por supuesto, empezar un proceso de restauración de tu vida matrimonial.

Puede que tu realidad sea al revés, que tu esposo te sea infiel. Es una situación dolorosa y que requiere enfrentarla de manera adecuada. No debes tomar una decisión de forma precipitada, pero tampoco perpetuar ese estilo de vida en tu matrimonio porque no es del agrado de nuestro Dios. Busca apoyo en tu congregación, no es bueno caminar sola por este proceso.

Masturbación

Lo primero que debemos hacer es definir el término. *Masturbación* es la autoestimulación solitaria de los órganos genitales con el objetivo de obtener placer sexual. Aunque el término no aparece en la Biblia, la práctica rompe con los límites determinados por Dios. No conozco ninguna persona que practique la masturbación con la mente en blanco o con un paisaje deshabitado de la naturaleza. Por el contrario, las imágenes son muy intensas y lujuriosas, con frecuencia extraídas de la pornografía. Así que no debemos ser ingenuas y ver la masturbación como una práctica simple o insignificante. A medida que aumentes su frecuencia, las imágenes se irán fijando más en tu memoria, tu mente generará más deseos de repetir la actividad con más asiduidad y con estímulos cada vez más fuertes. Me imagino lo que estás pensando y me adelanto a decirte que sí, es adictiva. He trabajado con mujeres que luchan por salir de esa práctica y les cuesta mucho.

La masturbación es pecado por diferentes razones. En primer lugar, las imágenes con las que tu mente fantasea son lujuriosas y la lujuria es pecado porque altera la pureza sexual. El apóstol Pablo decía con mucha claridad: «Por tanto, no reine el pecado en su cuerpo mortal para que ustedes *no* obedezcan a sus lujurias» (Romanos 6:12). No es una sugerencia, sino un mandato que nos ordena alejarnos de la lujuria sexual: «Andemos decentemente, como de día, no en orgías y borracheras, no en promiscuidad sexual y lujurias, no en pleitos y envidias» (13:13). Dios te quiere pura y anhela tu santificación porque sabe que solo así te dará satisfacción: «Porque Dios no nos ha llamado a impureza, sino a santificación» (1 Tesalonicenses 4:7).

En segundo lugar, la autoestimulación sexual busca una gratificación egoísta. La persona que la practica se idolatra a sí misma, desvirtuando el diseño de Dios al no realizarse buscando de forma amorosa el bienestar de su pareja y negándole la oportunidad de compartir la intimidad como Dios la configuró, es decir, un espacio de placer mutuo y simultáneo. El mandato divino es sumamente claro e incluye la sexualidad: «No hagan nada por egoísmo...» (Filipenses 2:3).

Quisiera recalcar que nuestro Dios determina con mucha claridad que algo es pecaminoso para protegernos y no para apartarnos del placer. Él sabe que el pecado nos hace daño. La práctica de la masturbación no es la excepción, ya que trae consecuencias que condicionan tu respuesta sexual, puede bloquear el disfrute porque las imágenes en tu mente compiten con la realidad y pueden dificultar que llegues al orgasmo. Además, es muy posible que pierdas la capacidad de disfrutar de la espontaneidad de tu esposo, encontrándolo fuera de lugar, y empieces a criticar sus toques o caricias. Esto se debe a que tienes la idea de que el placer solo puede encontrarse de cierta manera. Puedes llegar a perder el interés por el encuentro sexual debido a que satisfaces tus necesidades sexuales en solitario, descuidando de ese modo el satisfacer las necesidades de tu esposo y vivir un bienestar sexual más completo.

Por último, la masturbación no solo es una práctica pecaminosa y mezquina, sino también autolimitante. El placer que se extrae de dicha práctica es muy limitado en comparación con el que se recibe a través de la interacción íntima y completa con tu cónyuge. No es sabio tratar de buscar atajos al diseño de Dios; su plan siempre es mejor.

Pornografía

Se define la pornografía de la siguiente manera: «Presentación abierta y cruda del sexo que busca producir excitación».[2] Dicha presentación puede aparecer de varias maneras, por ejemplo, visual o auditiva. El tema es que llega a nuestras mentes por cualquier vía y está constituida por imágenes creadas para producir excitación sexual. La gama de imágenes y el nivel de crudeza pueden variar, pero créeme que no necesitas entrar por esos caminos infinitos del mal. Cualquier imagen de contenido erótico que llegue a tu mente y produzca excitación sexual es pornografía para ti, ya sea que la hayas visto en una película o en el celular, en un material impreso o que te la hayan sugerido en una conversación o por una lectura.

La pornografía es un negocio multimillonario que usa a las personas como objetos para su beneficio. Mucha gente piensa que la pornografía es un tema para tratar solo con los hombres; sin embargo, cada vez más mujeres están entrando en ese mundo. En una reciente encuesta que realizamos en el año 2020 entre 1500 mujeres en Latinoamérica, el 57,4% de las casadas admitieron que habían consumido pornografía al menos una vez. No deberían sorprendernos estas estadísticas en la era digital actual. El acceso a material pornográfico está a un clic de distancia. Por otro lado, se ha dicho que las novelas son un tipo de pornografía para muchas mujeres, no solo por estar cargadas de mucho contenido erótico, sino porque generan fantasías románticas al presentar un hombre que llena los estándares imaginarios de cualquier mujer, provocándole deseos sexuales.

La pornografía se acompaña con frecuencia de masturbación y sigue siendo un acto lujurioso porque disfrutas del placer sexual a través de imágenes de cuerpos que no te pertenecen. Es como si estuvieras disfrutando del placer sexual con otra persona que no es tu esposo, lo cual es adulterio. Recuerda que no importa que no haya contacto físico; el solo hecho de desear a otra persona que no sea tu esposo es pecado. El pecado radica en que rompes el principio de exclusividad sexual que Cristo reafirmó al enfatizar que solo codiciar a una persona en el corazón es adulterio, además de ser una práctica egoísta y deshonrosa (Mateo 5:27-28).

Las consecuencias de consumir pornografía son similares a las de la masturbación, con el agravante de generar expectativas sexuales irreales. Muchas de estas imágenes presentan dinámicas que no corresponden a la realidad, se utilizan muchas técnicas cinematográficas para simular escenas que no ocurrirían en personas de carne y hueso. Estas expectativas irreales provocan insatisfacción en el plano real, desinterés en sostener relaciones sexuales, altos niveles de exigencia en la dinámica sexual, ya sea en la práctica sexual misma como en la apariencia física de la pareja. Todo esto puede provocar conflictos intensos, desgaste de la relación e inseguridad. Además, la intensidad provoca la liberación de neurotransmisores en el cerebro que te mueven a continuar y aumentar el nivel de involucramiento. Por lo tanto, te producen una adicción muy fuerte y lo peor es que las imágenes se quedan grabadas en tu mente. Cuando te dispones a luchar con este pecado, las tienes disponibles sin tener que buscarlas fuera de ti y esa es la razón por la que se convierte en una lucha titánica que solo se vence con la ayuda del Espíritu Santo, que tiene el poder para limpiar nuestras mentes y corazones con la sangre de Cristo.

La pornografía, la masturbación y el adulterio afectan al matrimonio. Saber que tu pareja tiene una vida sexual paralela en la que no estás incluida es doloroso y crea una separación en el vínculo marital que cuesta mucho reparar. El uso de pornografía es para muchos un atajo, un camino falso para satisfacer la necesidad de interacción personal. Los doctores Núñez y Scheraldi lo explican así: «Al final, [la pornografía] produce personas que no están interesadas en sostener relaciones interpersonales, pues es más fácil disfrutar el placer sin tener que aprender a manejar una relación».[3]

Dios sabe que todas estas consecuencias dolorosas pueden afectarte cuando haces un uso inadecuado de tu cuerpo. Por eso nos advierte y nos pone límites. No ensucies la pureza sexual que Él te ha entregado porque la Biblia señala con absoluta claridad: «*Sea* el matrimonio honroso en todos, y el lecho *matrimonial* sin deshonra, porque a los inmorales y a los adúlteros los juzgará Dios» (Hebreos 13:4). Las imágenes sexuales que debe haber en tu mente deberían corresponder solo a las vivencias o fantasías con tu esposo.

Penetración anal

Cada vez es más frecuente la práctica de la penetración anal entre parejas heterosexuales, práctica que altera el uso natural del ano, el cual es un orificio en el que termina el conducto digestivo y por el que se expele el excremento. Este orificio donde termina el tracto digestivo está constituido por un esfínter recubierto de una mucosa de epitelio de una sola capa; tiene un pH alcalino que favorece las infecciones, cuando es desgarrado su tejido, debido a la flora bacteriana que existe en esa zona. El ano fue diseñado para ser un órgano excretor de los residuos que desechamos luego de digerir los alimentos. Por lo tanto, usarlo para funciones diferentes a su diseño, de seguro traerá consecuencias desagradables. La vagina, por su parte, es un conducto muscular revestido de membranas mucosas de cuarenta capas de espesor, con un pH ácido, que produce fluidos lubricantes durante el acto sexual. El esfínter anal no tiene la flexibilidad de la vagina, cuya contextura permite adaptarse a la penetración del pene y, en el momento del parto, adaptarse a la cabeza de un bebé.

He tratado de ser sumamente clara con respecto a la constitución del ano para poder mostrar con la mayor transparencia que no fue diseñado para la penetración. Sin embargo, si te queda algún resquicio de dudas, hablemos de las consecuencias que trae consigo esa práctica. Las más comunes son infecciones y fisuras anales debido a que penetrar el ano es simplemente usarlo al revés. Este órgano está diseñado para expulsar hacia afuera, no lo contrario.

Hay algunos límites que, como dijimos, no se mencionan específicamente en las Escrituras y por eso debemos revisar con cuidado los principios bíblicos para tomar decisiones que vayan de acuerdo a lo establecido por Dios. En el caso de la penetración anal, la Palabra de Dios sí es clara en prohibirla. El Señor dice a través de Pablo: «Por esta razón Dios los entregó a pasiones degradantes; porque sus mujeres cambiaron la función natural por la que es contra la naturaleza» (Romanos 1:26). La función natural es la penetración vaginal, porque, como vimos, la vagina cumple con las condiciones para ser penetrada durante el acto sexual sin que tenga consecuencias negativas. Además, tiene la capacidad de servir como canal de parto para el nacimiento de un bebé. Por otro lado, el ano solo fue diseñado para la excreción de las heces fecales, es decir, los residuos desechables de la digestión.

Objetos sexuales

Existen muchas alternativas de productos en el mercado que se ofrecen con la idea de agregar algo novedoso a la experiencia sexual. Creo que hay algunas prácticas que se pueden incluir en el escenario de la intimidad sexual siempre y cuando no alteren los principios que fortalecen la unión marital como una sola carne. Usar objetos sexuales que sustituyan algún órgano o función que le corresponde a tu esposo puede ser peligroso porque lo aísla o excluye de tu obtención de placer al preferir una fuente ajena de excitación. Por otro lado, muchos de esos juguetes ofrecen una estimulación que no puede ser imitada por el cuerpo humano, tal es el caso de vibraciones, textura o tamaño. Cualquiera de estas condiciones puede generar un condicionamiento antinatural, es decir, que te acostumbres a ese tipo de estimulación para poder disfrutar de la experiencia sexual. Es evidente que estos objetos podrían terminar sacando a tu esposo del juego, aun cuando en principio pueda estar presente, pero poco a poco el mismo podría sentirse excluido. Como ves, el uso de objetos sexuales también podría ser considerado como una actividad egoísta porque rompe el principio de disfrute mutuo y simultáneo que explicamos anteriormente.

Por otro lado, no estoy diciendo que las parejas no puedan jugar en la intimidad. Claro que sí pueden hacerlo. A continuación te entrego algunas actividades que resultan muy divertidas y excitantes:

- Untar con miel o mermelada alguna parte del cuerpo de tu pareja y... ¡comértela!
- Bañarse juntos (para retirarse la miel o mermelada).
- Frotar hielo sobre la piel de tu pareja (espalda, vientre, genitales) y buscar lamer el agua.
- Ponerte pequeñas cantidades de perfume en alguna zona del cuerpo y pedirle a tu esposo que descubra dónde te lo pusiste.
- Bailar juntos como juego previo a la intimidad.
- Cambiar de posiciones sexuales.
- Buscar lugares diferentes para disfrutar la intimidad, ya sea fuera de la habitación o en algún lugar especial fuera de casa. Por ejemplo, una noche en un hotel.

¡ESPERANZA, EN DIOS SIEMPRE HAY ESPERANZA!

Estoy consciente de que cualquiera de las prácticas fuera de los límites establecidos por Dios tiene el potencial de lesionar profundamente tu respuesta sexual y la de tu esposo, por lo que no quiero terminar este capítulo sin que recordemos que Dios es capaz de restaurar lo dañado. No es mi intención minimizar ninguna de estas situaciones, he podido ver en algunas pacientes sus consecuencias desastrosas. Al contrario, por lo grave y dolorosas que resultan, solo podemos apelar al Señor en busca de ayuda y restauración.

El Dios que creó nuestras vidas, también diseñó el matrimonio y nos regaló el placer sexual como una muestra de su gracia y amor. El Señor está comprometido con su plan y su diseño, por lo que no nos dejará solas en medio de nuestras luchas. No dudes en acercarte a Él sin temor, no importa si has sido herida o si eres responsable del daño; lo que importa es que estés arrepentida, reconociendo tu bancarrota espiritual, tu necesidad imperante de ayuda y perdón. Te invito a leer este texto despacio por al menos tres veces y luego orar: «Porque no tenemos un Sumo Sacerdote que no pueda compadecerse de nuestras flaquezas, sino Uno que ha sido tentado en todo como *nosotros*, pero sin pecado. Por tanto, acerquémonos con confianza al trono de la gracia para que recibamos misericordia, y hallemos gracia para la ayuda oportuna» (Hebreos 4:15-16).

Después de transitar por tantos temas sobre la sexualidad femenina, me parece oportuno que revisemos también un poco del mundo masculino. El placer sexual debe ser una experiencia de disfrute mutuo y simultáneo. Por lo tanto, en el siguiente capítulo vamos a exponer las necesidades sexuales de nuestros esposos para que sea de utilidad en tu vida matrimonial.

CAPÍTULO 8

NECESIDADES
SEXUALES
MASCULINAS

«Amante cierva y graciosa gacela; que sus senos te satisfagan en todo tiempo, su amor te embriague para siempre».

(Proverbios 5:19)

Un libro de sexualidad para mujeres casadas estaría incompleto sin una mirada a las necesidades sexuales de nuestros esposos. Hasta ahora he sido sumamente clara en señalar que la intimidad sexual es recíproca. El placer sexual fue diseñado por Dios para ser disfrutado mutuamente, pero eso no significa que hombres y mujeres vean la sexualidad de la misma manera. Mientras la mujer ve el acto sexual como el resultado de la intimidad emocional, los hombres lo ven como el camino a esa intimidad emocional que les facilita abrirse emocionalmente y conectar con su esposa.

Me imagino que podrías estar un poco sorprendida con lo que acabo de decir y te entiendo. Puede que te preguntes: «Si él empieza por donde yo termino, ¿cómo podemos avanzar o estar de acuerdo?». «¿Debo satisfacer sus necesidades olvidando las mías?». «Si lo hago, él no tomará en cuenta mi necesidad emocional». En ese punto es oportuno recordar que un hombre satisfecho emocionalmente responde muy diferente a las necesidades de su esposa.

Muchas veces se habla de que los hombres solo tienen necesidades sexuales. Sin embargo, ellos también son seres humanos equilibrados y tienen otras necesidades que no son solo sexuales. No se logrará satisfacer las necesidades de nuestros esposos solo con ofrecer encuentros sexuales frecuentes y sin los demás elementos que se esperan de una relación matrimonial. Definitivamente, todos los seres humanos somos complejos, tanto hombres como mujeres.

NECESIDADES EMOCIONALES DE LOS HOMBRES

Respeto

En la Palabra de Dios no hay nada escrito al azar. Cuando el Señor define los roles de cada miembro de la pareja matrimonial es muy específico en lo que cada uno debe entregarle al otro. Nosotras fuimos creadas por Dios de una forma particular y por eso necesitamos sentirnos amadas, protegidas y tratadas «como un vaso más frágil» (1 Pedro 3:7). Los hombres también necesitan sentirse amados y respetados. Pablo entrega este mandato en nombre de Dios: «En todo caso, cada uno de ustedes ame también a su mujer como a sí mismo, y que la mujer *respete a su marido*» (Efesios 5:33, énfasis añadido). Dios da mandatos incondicionales diferentes en una misma frase. Nuestro Creador sabe bien cómo funcionamos. Esto no es una justificación ciega, pero a un hombre que no se siente respetado le es mucho más difícil asumir su llamado a liderar, servir a su esposa y sostener a su familia. Vuelvo a afirmar que no es una excusa para no amarte, pero quisiera que nos pongamos del otro lado del cuadrilátero por un momento.

Se supone que el matrimonio no es un escenario de torturas donde la esposa pone a prueba la calidad de la obediencia del esposo. Nosotras debemos estar en la disposición de hacer lo que nos toca delante del Señor, ese es nuestro llamado, Dios es el que se encarga de probar a sus hijos. Por lo tanto, debemos ser fieles a nuestro llamado particular como esposas, con corazones obedientes rendidos al Señor, poniendo nuestra esperanza en Él, que tiene el control y el cuidado soberano de nuestras vidas. Solemos poner demasiada expectativa en nuestras estrategias y descuidamos descansar en nuestro buen Dios.

Me he encontrado con muchas mujeres que se sorprenden sobremanera cuando sus esposos les dicen que se sienten irrespetados. Ellas abren los ojos, incrédulas, porque piensan que hacen todo lo necesario para mostrar respeto a su cónyuge. Al preguntarles lo que hacen en términos prácticos para respetarlos, me encuentro muchas veces con acciones bien intencionadas que suplen necesidades importantes, pero al preguntarles a los esposos si ellos lo ven de esa manera, resulta que no era exactamente a lo que ellos se referían cuando hablaban del respeto esperado.

Necesitamos aprender a respetar a nuestros esposos en términos masculinos. Es posible que no lo hayas pensado antes; tranquila, a mí también me pasó y tuve que rectificar. Lo que pasa es que con frecuencia respetamos a nuestros esposos en términos femeninos. Sí, femeninos, como lo oyes. Lo hacemos con la mejor intención, pero erramos al blanco.

Tendemos a olvidar que somos diferentes por diseño. Cuando tu esposo te dice que esperaba algo distinto, no lo debes tomar como si fuera personal y en tu contra. Él percibe la vida de modo distinto, su funcionamiento cerebral es diferente y, por lo tanto, su forma de sentir también lo es. Tal vez sea más fácil entenderlo si lo vemos al revés. ¿No te ha pasado que tu esposo se sorprende cuando le dices que no te sientes amada? «¿Qué será lo que quiere esta mujer? No hay quien la entienda, dice que no le dedico tiempo y yo solo la dejo sola cuando voy a trabajar». Eso sí lo entiendes porque para la mayoría de las mujeres sentirse amadas y tener cercanía emocional significa mucho más que coincidir bajo el mismo techo todas las noches. Por ejemplo, sentirnos amadas significa que nos dediquen tiempo para que no hagan nada más que escucharnos. Sería bueno que nuestros esposos aprendan a amarnos en términos femeninos, no masculinos ¿verdad? Pero como este libro es para ti y no para él, sigamos contigo.

¿Cómo respetar a nuestros esposos en términos masculinos? Como te lo dije, yo me perdí en ese camino cuando iniciaba mi matrimonio. Es posible que tú también entendieras que estar pendiente de preparar la comida, tener sus ropas y la casa ordenadas era una forma de respetarlo, claro, además de serle fiel y expresarle cariño, que también es importante y necesario. Sin embargo, cuando se trata de respetar a un esposo hay algunos detalles importantes que se deben tener en cuenta.

Por gracia de Dios me encontré con el libro *Amor y respeto*, del doctor Emerson Eggerichs, el cual fue toda una bendición. El autor explica de modo práctico y basado en principios bíblicos cómo funciona esa dinámica en el matrimonio.[1] Además, lo hace de manera sencilla y plantea ideas prácticas aplicables en el día a día que dan en el blanco. Señala además que la mujer debe respetar al esposo por lo que él es, por su deseo de proveer, de proteger y no solo por su desempeño. Le debemos respeto incondicional a todo ser humano, solo por el hecho de ser creado a imagen de Dios.

Si piensas que tu esposo debe ganarse tu respeto, entonces estás cerrando el camino a su corazón. Hay algo que imagino que debes saber, pero creo prudente recalcarlo porque es sumamente importante. Respeto y confianza no es lo mismo. El respeto se debe, la confianza se gana y se pierde. Para mostrar el debido respeto, te invito a que hagas una lista de las cosas que valoras y respetas en tu esposo. Utiliza luego esa lista para buscar maneras creativas de comunicar cada una de ellas diariamente. Saberse validado y admirado por su esposa es sumamente importante para los hombres.

¿Cuándo fue la última vez que le dijiste a tu esposo lo agradecida que estabas por lo mucho que trabaja, en lugar de quejarte por las muchas horas que pasa trabajando? ¿Cómo respondiste cuando te comentó que le gustaría salir a compartir con unos amigos? ¿Cuál es tu reacción cuando él toma una decisión y tú no estás de acuerdo? La manera en que respondes a esas preguntas es la forma en que expresas respeto o no lo manifiestas a tu esposo. ¿Quieres hacer una evaluación más profunda? Pregúntale si se siente respetado por ti y por qué. No te defiendas, escúchalo, escucha su corazón, pide sabiduría al Señor para no responder con simples excusas y mostrar acciones evidentes de respeto. Recuerda que es un mandato bíblico para nosotras.

Amistad

Tu esposo, al igual que tú, necesita tener la seguridad de que su relación de pareja es un espacio seguro para fomentar el compañerismo y la cercanía emocional. Es importante que no nos confundamos con lo que acabo de decir porque puede pasar que inmediatamente entendamos amistad, compañerismo y cercanía emocional en términos femeninos. No, no son iguales y no se desarrollan de la misma manera que entre mujeres. Nosotras construimos nuestras amistades hablando, horas muertas conversando, contándonos la vida una a la otra. Luego empezamos a hacer cosas juntas y disfrutamos mucho el tiempo compartido.

Es frecuente que los varones lo hagan a la inversa. Ellos comparten actividades juntos, laborales o recreativas y, si se sienten cómodos, podrían desarrollar una amistad y sentarse a hablar. No digo que sea estrictamente de esa manera en ambos casos, pero para nosotras es más fácil hacer amistad y expresar compañerismo con otra mujer. Por el contrario, ellos prefieren hacer actividades físicas o recreativas que para nosotras podrían parecer superficiales y sin importancia.

Ahora imagina todo lo contrario. Nosotras exigiendo tiempo de calidad y ellos queriendo hacer alguna actividad recreativa o relajante contigo. Mi esposo me decía un sábado en la mañana: «Mi amor, acompáñame a ver este juego en la televisión», y yo pensando en todo lo que tenía que hacer. ¿Te ha pasado? Seguro que si te hubiera dicho que había estado orando y que necesitaba hablar contigo, entonces, antes de terminar la frase, ya hubieras estado sentada a su lado y no te preocuparía en lo más mínimo todo lo que hubieras dejado de hacer esa mañana.

Te aconsejo que observes las cosas que disfruta, las que menciona que quisiera hacer o hacía antes, y genera el espacio para que pueda realizarlas. Si es posible, acompáñalo. Si no puedes realizar la actividad, entonces procura ser su público o facilita que pueda ir. Tan pronto como regrese, dedícale tiempo para escuchar de su experiencia. No dejes de buscar maneras de encontrar actividades o pasatiempos que puedan hacer juntos. Conozco parejas que hacen deportes juntos, desde caminar, ir al gimnasio, nadar o jugar tenis. Otras disfrutan con juegos de mesa o rompecabezas, mientras que a otras les encanta conocer lugares y salen cada cierto tiempo «de aventura».

Esos espacios intencionales fomentan el compañerismo y fortalecen la amistad. Las actividades compartidas podrían ser para tu esposo un aspecto necesario para equilibrar su estado emocional. Parte de nuestro rol como ayuda idónea es facilitarle espacios donde manejar las tensiones rutinarias. Muchos de nuestros esposos no hablan mucho, pero te advierto que el silencio no significa que su mente está apagada o que no esté luchando con su propio estrés. Por lo tanto, la actividad física, por ejemplo, los ayudará a ambos a relajarse y conectar mientras disfrutan ese tiempo de esparcimiento. Pregúntate qué cosas hace tu esposo que puedan ser recreativas y, entre ellas, en cuáles participas directa o indirectamente. Pregúntale qué cosas le gustaría hacer contigo.

No postergues el fortalecimiento de la amistad con tu esposo, ni tampoco lo veas como algo complicado que no te dejará tiempo para otras cosas. No se trata de hacer algo a diario, sino de programar actividades que se adapten al ciclo de vida en el que se encuentren. Es importante, entonces, definir expectativas razonables y realizables; podría ser que alguna actividad semanal de dos horas funcione muy bien. Estoy convencida de que los resultados se harán evidentes en poco tiempo.

Tu hogar, un lugar de refugio

Muchas mujeres suelen considerar su casa como un lugar de trabajo, donde, si hacen un esfuerzo consciente, logran descansar. Tenemos un sentido de responsabilidad muy alto por el buen funcionamiento de la casa, la limpieza, la comida, las necesidades de los niños y todas las demás responsabilidades asociadas con el hogar. Por eso vivimos corriendo detrás de los quehaceres que debemos cumplir para mantener la casa a flote. Si nuestro cuerpo no anda corriendo de un lado a otro, nuestra mente tendrá un montón de alarmas encendidas que muestran todo lo que está pendiente. De solo escribirlo me siento estresada. Nosotras consideramos la casa como un lugar de trabajo y de un millón de asuntos por resolver.

La casa o el hogar es diferente para los hombres. Ellos lo ven como un lugar de descanso, no solo físico, sino también emocional. Es un refugio ante las presiones que ejerce la vida «allá afuera». Tu esposo anhela llegar a casa para desconectarse, quitarle la presión a la mente y descansar. Eso no significa que no puede ayudarte en casa con los niños, la preparación de la cena o simplemente tener una buena conversación contigo antes de dormir. Lo que sí necesita es sentir que llegó a un lugar diferente, seguro y donde lo esperan con amor. No estamos hablando de mero romanticismo, sino de atención y, por supuesto, no de más presiones, por lo menos en la primera media hora.

Tienes que estar atenta a la llegada de tu esposo, pero cuando lo recibas, en cuanto abra la puerta, no te acompañes de malas noticias, problemas o reclamos. Déjalo llegar, en el buen sentido, es decir, que entre, se quite los zapatos, se cambie de ropa y se siente a relajarse y dejar el mundo atrás por unos minutos. Él necesita tiempo para «salir de la oficina» y poner su mente en «modo familia». Ellos no son como nosotras que, al llegar a casa, nos conectamos con lo que está pasando y empezamos con las tareas casi de inmediato.

Un esposo me comentó en una sesión que luego de llegar a casa necesitaba tiempo para «aterrizar la mente», porque seguía pensando en el trabajo ya estando allí. ¿Cuánto tiempo necesita tu esposo? No lo sé. Por eso debes observar y preguntar. Ese mismo paciente me dijo que necesitaba de quince minutos a media hora para enfocarse en su hogar. Le pregunté qué hacía en ese tiempo y me dijo que encendía el televisor para ver noticias. «¿Noticias?», pregunté. Me contestó: «En realidad no les presto mucha atención.

Simplemente las imágenes y el sonido me ayudan a desconectarme». Luego de esos minutos de desconexión, él me explicó que se dirigía a donde estaba su esposa e hijos y compartía con ellos.

Te cuento algo más de esa sesión en particular. Entramos en el tema porque la esposa se quejaba de que él peleaba mucho y siempre estaba de mal humor. Él admitió su problema con la ira y señaló que se sentía abrumado al llegar a casa por diversos problemas laborales, pero lo que lo hacía explotar era ser recibido con más problemas y demandas de atención. Eso me recuerda el caso de otro esposo que llegaba cada vez más tarde a casa. Buscaba descanso al salir del trabajo y estaba convencido de que no lo encontraría en el hogar. Por eso siempre tenía una «diligencia» que hacer, algo que comprar o pasar por donde su mamá. Esas actividades luego de salir de la oficina le permitían llegar más tranquilo a casa. Nuestros esposos no deberían huir del hogar ni buscar descanso en otras partes. Los hogares deberían ser un lugar de refugio y descanso para nuestros esposos y para nosotras también.

Toma en cuenta un par de aspectos prácticos que me parece que podrían ser útiles en el día a día:

1. No recibir a tu esposo con una apariencia desagradable. No se trata de que estés como si fueras a salir a una fiesta, sino más bien de que luzcas agradable, limpia y con buenos olores. No lo recibas con la bata con la que te levantaste o la ropa con la que has estado limpiando y cocinando todo el día. Sé muy bien que no es fácil lograr esto todos los días, pero si lo tienes pendiente y planificas un poco tu día, verás que puedes ofrecerle a tu esposo una bienvenida más agradable.

Está bien si no lo logras, solo recuerda hacerle saber que lo lamentas, que el día se te complicó y no pudiste arreglarte como hubieras querido. El que expreses tu deseo de hacer cosas para su bienestar es valioso para tu esposo. Puede que te diga que no te preocupes y que te entiende, pero, aquí entre nosotras, estoy segura de que le encantaría verte arreglada al llegar a casa. Por tanto, te invito a que pruebes y observes su reacción. Cuando lo escuches llegar, deja lo que estás haciendo y recíbelo con una gran sonrisa y una apariencia agradable.

2. Cuidar la comunicación en los primeros minutos posteriores a la llegada de tu esposo. No es que no puedas hablar o decirle si hay una emergencia. Tampoco se trata de fingir, sino de mantener la calma por los primeros quince o veinte minutos. De lo que se trata es de postergar las demandas de atención, las malas noticias o los problemas por resolver. Permite que termine de «aterrizar» la mente en casa para que luego se integre a la dinámica del hogar. Considera tus gestos y no olvides que tu lenguaje no verbal podría traicionarte. Debes tomar la decisión consciente de postergar los temas difíciles y tratar de relajarte junto con tu esposo.

No podemos sustraernos de la realidad que ha traído la pandemia de COVID-19 a la humanidad y, por ende, a nuestros hogares. Muchas personas han perdido su empleo o están trabajando desde sus casas. Es posible que tu esposo o tú misma estén en una de esas situaciones y se encuentren aprendiendo a vivir en medio de ajustes de espacio físico, horarios y presupuestos. Necesitamos mantenernos velando por el buen funcionamiento del hogar para que la familia pueda seguir desarrollando sus actividades a través de un ambiente propicio que facilite el bienestar de todos.

En ese sentido, debes buscar planificar, junto a tu esposo, las actividades en casa, lo que ayudará a que todos participen y cooperen según sus posibilidades. Dicha planificación debe incluir tiempo de descanso y recreación juntos que rompa con la rutina diaria, sobre todo los fines de semana.

No olvides incluir un espacio exclusivo de pareja que no tenga nada de costoso o complicado, lo importante es que permita que se regalen un tiempo de atención de calidad entre ustedes dos de forma especial. Algunas mujeres me han comentado que durante la cuarentena invitaron a sus esposos a «cenar fuera», en el balcón o en la terraza de sus casas, luego de que los niños se habían ido a la cama. Esa cita vino a ser un buen momento para conversar y conectarse mutuamente.

No es mi intención que termines cargada luego de leer lo que implica para tu esposo su hogar y tu rol en todo esto. No quisiera que te lleves la idea de que es muy difícil lograr ese estándar. Para evitar esos malentendidos, permíteme aclarar algunas cosas importantes.

En primer lugar, las maneras prácticas que planteo son solo sugerencias. Lo que intento es que puedas usar tu imaginación, pensar en tu propia realidad y te hagas una idea de cómo lograrlo en tu propio contexto. Sin embargo, no pretendo hacerte pensar que tienes que alcanzar algún estándar. Sí te pido que lo apliques según tus posibilidades y la etapa que estés viviendo en tu matrimonio.

No creo que pudiéramos pedirle a una esposa con niños pequeños o con un recién nacido que siempre reciba a su esposo descansada y bien arreglada. Es entendible su contexto particular y, sin duda, su esposo tampoco tiene pretensiones irreales. Sin embargo, la actitud positiva y satisfecha de una mujer que sabe que está atendiendo lo importante es diferente a la de una que recibe a su esposo quejándose o gritándoles a los niños.

En segundo lugar, es más importante que sepamos que nada de lo que el Señor nos ha encomendado lo debemos hacer en nuestras fuerzas. Todas las mujeres casadas, sin importar en qué etapa de su matrimonio se encuentren, están en la necesidad de ser asistidas por Dios para poder lograr hacer lo bueno. Jesús fue sumamente claro cuando dijo:

> Permanezcan en Mí, y Yo en ustedes. Como el sarmiento no puede dar fruto por sí mismo si no permanece en la vid, así tampoco ustedes si no per-manecen en Mí. Yo soy la vid, ustedes los sarmientos; el que permanece en Mí y Yo en él, ese da mucho fruto, porque separados de Mí nada pueden hacer. (Juan 15:4-5)

Si no permanecemos en Él, nada podremos hacer. Debemos reconocer nuestra dependencia absoluta del Señor aun en las tareas cotidianas, en los imprevistos e interrupciones. Dios está detrás de cada una de esas situaciones y se halla listo para ayu-darte. Por lo tanto, ora en todo tiempo y aliméntate de su Palabra para que tu mente esté inundada de su presencia y que tu primera alternativa ante la dificultad sea clamar a tu Padre bueno.

Necesitamos su paz en medio del caos de este mundo o del de nuestra casa. El Señor sabe lo abrumadas que podemos estar y lo difícil que es para nosotras ofrecer bondad o calma a nuestro esposo e hijos cada día. Por eso Dios nos dice: «¡Estoy cerca, a tu lado!». El siguiente texto viene a mi mente cuando me siento ago-tada. Meditar en el mismo me recuerda que Él está a mi lado, que puedo entregar mis cargas a sus pies y encontrar paz, aunque las cosas no se resuelvan de inmediato. Pablo le dijo lo siguiente a sus discípulos de Filipos:

> La bondad de ustedes sea conocida de todos los hombres. El Señor está cerca. Por nada estén afanosos; antes bien, en todo, mediante oración y súplica con acción de gracias, sean dadas a conocer sus peticiones delante de Dios. Y la paz de Dios, que sobrepasa todo entendimiento, guardará sus corazones y sus mentes en Cristo Jesús. (Filipenses 4:5-7)

En tercer lugar, el elemento que creo no debe faltar en nuestra búsqueda por hacer de nuestro hogar un espacio de refugio para nuestros esposos, es que ambos tengan las expectativas más realistas posibles. Toma tiempo para hablar con tu esposo, pregúntale cómo se siente al llegar a casa o estando ahí. Es posible que esta conversación no sea tan fácil como quisiéramos. Puede que no sea algo tan importante o que sus expectativas difieran mucho de las tuyas. Quizás te podrías encontrar con algún comentario de disgusto, pero no te desanimes, sé sincera con él, cuéntale cómo te sientes y tus luchas entre el deseo de complacerlo y todos los obstáculos que se te presentan en el camino día a día.

Descubran juntos qué es lo más importante para que él se sienta bien recibido en casa. Puede ser algo tan sencillo como un beso de bienvenida y algunos minutos para relajarse. No asumas que sabes lo que él quiere, pregúntale y dile hasta dónde puedes suplir sus expectativas dentro de la realidad que están viviendo.

Por último, sé paciente contigo misma y deja el perfeccionismo a un lado. La tarea de hacer de nuestra casa un hogar es un proceso que se realiza en conjunto con tu esposo e hijos. Poco a poco, caminando de la mano del Señor, siendo sincera con tus limitaciones, podrás ir acumulando cada vez más días de bienestar.

NECESIDADES SEXUALES
DE LOS HOMBRES

Adecuada frecuencia sexual

«Los hombres siempre piensan en sexo» es una frase que he escuchado muchas veces. Pareciera que las mujeres no pensáramos en eso, lo cual tampoco es cierto. En un estudio realizado en la universidad de Ohio se evaluaron a 163 mujeres y 120 hombres; el mismo reportó que el grupo masculino tuvo un promedio de 19 pensamientos sexuales al día. Mucho, ¿verdad? ¿Y las mujeres? Las mujeres tuvieron un promedio de 10 pensamientos sobre sexo en el día.[2] Puede que te sorprenda, pero no estamos tan lejos. Esta percepción particular que tenemos sobre el tema se explica cuando entendemos que las mujeres y los hombres canalizamos nuestras necesidades sexuales de maneras diferentes.

Los hombres son más físicos, necesitan más el contacto, sentir el placer en sus cuerpos. Las mujeres, en general, son más emotivas y pueden canalizar su libido por medio de otras actividades como la maternidad, el cuidado de las personas y el deporte. En conclusión, tanto el hombre como la mujer tienen deseos sexuales, pero los hombres están más pendientes de esa necesidad, aunque no por alguna desviación o proclividad pecaminosa, sino por la forma en que Dios los diseñó.

Ellos tienen mayores niveles de testosterona en la sangre que las mujeres. La testosterona es una hormona que se encuentra mayormente en los hombres, se produce en los testículos y es responsable del desarrollo de los caracteres sexuales secundarios a partir de la pubertad. Se relaciona con el deseo sexual y la fertilidad. La testosterona interviene en la libido o apetito sexual y eso podría explicar el aumento en el deseo carnal de los hombres. Además, los niveles de testosterona aumentan en la mañana y por eso los hombres buscan encuentros sexuales temprano o despiertan con erecciones matutinas.

Dios los diseñó con una mayor inclinación al disfrute sexual. La forma en que ellos sienten y cultivan la cercanía emocional es a través de la intimidad sexual. Como dije en el segundo capítulo, nosotras somos su único recurso al ser sus esposas. Por lo tanto, necesitamos cultivar una actitud correcta ante esa necesidad natural masculina, en lugar de molestarnos cuando él insinúe su deseo de intimidad sexual. Creo que algo que pudiera ayudar a las mujeres a tener más empatía con sus maridos es el hecho de que las necesidades sexuales de ellos se corresponden a la necesidad de intimidad emocional que la mujer experimenta. Eggerichs lo expresa de la siguiente manera:

> El sexo para él y el afecto para usted es una calle de doble vía. Así como él debería ministrar a su espíritu para tener acceso a su cuerpo, también, usted debería ministrar al cuerpo de su esposo si quiere ganar acceso a su espíritu [...] el sexo no es la necesidad número uno del hombre, sino que simboliza su necesidad más profunda: respeto.[3]

Te invito a que pienses por un momento en lo valioso que es tu esposo para ti, lo importante que es que te dedique tiempo de calidad para escucharte y conectar con tu interior sin prisas y sin interrupciones. Pues esa misma sensación de plenitud es la que tu esposo experimenta cuando tiene un encuentro sexual contigo sin prisas y sin interrupciones.

Con respecto a la frecuencia sexual, como ya he mencionado, cada pareja la define de acuerdo a las etapas y situaciones que va enfrentando. No es lo mismo la etapa de recién casados que cuando ya tienen niños pequeños. Tampoco es igual la demanda de un hombre en sus 20 a 40 años que uno de más de 50, el que ya está experimentando un descenso en sus niveles de testosterona. Es importante también tomar en cuenta las situaciones de salud física y emocional que pueden afectar a tu esposo, así como los temas de tipo laboral y económico. Como ves, es necesario mantener una buena comunicación para poder estar conectados con las necesidades de cada uno a medida que pasa el tiempo.

La frecuencia sexual de una pareja debe reflejar las necesidades de ambos en medio de las circunstancias que estén enfrentando. No debe ser un espacio para la manipulación. De seguro has escuchado de mujeres que usan su disposición al acto sexual como una herramienta para conseguir algo que desean o para mostrar que tienen el control. Dios no se agrada cuando manipulas con las necesidades de tu esposo para conseguir un fin, aun cuando sea genuino y hasta necesario. El fin nunca justifica los medios. Solo consigue una mayor desconexión con su cónyuge cuando una mujer obra de esa manera.

Tampoco podemos perder de vista que tu negación a tener intimidad sexual expone a tu esposo a tentaciones sexuales. No intento justificarlo, pero quisiera reiterar que somos su único recurso válido y aprobado por el Señor para satisfacer sus necesidades sexuales. Si postergas el encuentro sexual, tu esposo, insatisfecho, tendrá que lidiar solo con esa carga y estará en un estado de vulnerabilidad que lo podría llevar a pecar contra Dios y contra ti.

Una mujer es sabia cuando decide vivir según la sabiduría divina, es decir, es alguien que conoce la Palabra de Dios y la aplica en su vida diaria. Cubrir las necesidades sexuales de alguien diferente a ti no siempre será fácil, a menos que decidas obedecer sabiamente la Palabra de tu Señor con la ayuda del Espíritu Santo que mora en ti. La Palabra de Dios nos advierte que debido a que vivimos en un mundo caído, debemos tomar medidas para evitar el pecado en nuestras vidas. No creas que porque tu esposo es creyente está inmunizado y no enfrentará tentaciones sexuales. Ten en cuenta esta advertencia bíblica:

> No obstante, por razón de las inmoralidades, que cada uno tenga su propia mujer, y cada una tenga su propio marido. Que el marido cumpla su deber para con su mujer, e igualmente la mujer *lo cumpla* con el marido. La mujer no tiene autoridad sobre su propio cuerpo, sino el marido. Y asimismo el marido no tiene autoridad sobre su propio cuerpo, sino la mujer. No se priven el uno del otro, excepto de común acuerdo y por cierto tiempo, para dedicarse a la oración. Vuelvan después a juntarse, a fin de que Satanás no los tiente por causa de falta de dominio propio. (1 Corintios 7:2-5)

Las relaciones sexuales son una necesidad tanto para el hombre como para la mujer. Es necesario que hagamos consciencia de nuestra propia necesidad de intimidad sexual, darnos el permiso de expresarla dentro del matrimonio y satisfacer, al mismo tiempo, la necesidad de nuestro esposo.

Dios diseñó el matrimonio para que lo glorifiquemos, nos regaló el placer sexual para permitirnos conectar de forma cada vez más profunda y permanente con nuestro cónyuge. El enemigo intenta destruir el plan de Dios para tu matrimonio, y la insatisfacción sexual puede hacernos vulnerables. Me parece muy clara la forma en que Eggerichs lo explica: «Así como el diablo hará todo lo que pueda para que dos personas se unan sexualmente antes del matrimonio, hará todo lo que pueda para separarlos después del matrimonio».[4]

No dejes que el enemigo te desenfoque, sé sabia, prioriza las necesidades sexuales de tu esposo. Si hay alguna situación que te lo impida, ya sea de salud, física o emocional, convérsalo abiertamente con él y busquen juntos la mejor solución para ambos con respeto y amor mutuo.

Ten presente que, así como las esposas necesitan intimidad emocional, los esposos necesitan intimidad sexual. La insatisfacción de estas necesidades nos hace presas de Satanás. Qué Dios nos guarde, nos haga mujeres sabias con un corazón dispuesto a edificar nuestros matrimonios, entendiendo que nuestro rol trasciende a la eternidad.

Sentirse deseados por sus esposas

En el capítulo cinco hablamos de lo valioso que es para los hombres que sus esposas provoquen el inicio del acto sexual. Pensamos que solo a las mujeres les gusta sentirse deseadas por sus maridos; sin embargo, a los hombres, de manera más discreta, les agrada saber que sus esposas no solo se sienten atraídas por ellos, sino que muestran interés por tener un encuentro sexual. No dudes en expresar lo que te agrada de su cuerpo físico o de la forma en que te toca en la intimidad. No necesitas esperar estar en la cama para expresarlo; de hecho, para algunos hombres, el que se lo dejes saber fuera de un momento de intimidad *per se*, les resulta muy halagador y estimulante.

Espacio seguro para ser vulnerable

Cuando se trata de deseo sexual, la orientación de los hombres es visual, es decir, que se estimulan sexualmente a través de la vista. Esa realidad los pone en una situación difícil, sobre todo cuando pensamos en lo sensual que es la cultura contemporánea. No creo que un hombre necesite ir muy lejos para ver algo tentador, de hecho, solo tiene que encender el televisor en la sala de su casa o revisar su teléfono. Las mujeres no tenemos esa lucha con la misma fuerza y, aunque sabemos que puede ser cierto que se ven tentados, nos cuesta creer que nuestro esposo batalle con eso si realmente nos ama.

Jesús lo sabía y por eso en el Sermón del Monte, cuando trata el tema del adulterio, especifica que el hombre codicia sexualmente con solo mirar (Mateo 5:27-28). Por un lado, estamos en medio de una sociedad sensual, que normaliza el erotismo a través de imágenes, canciones y moda. Por otro lado, está tu esposo tratando de sobrevivir puro en su matrimonio, batallando con toda esa estimulación que lo tienta constantemente. ¿Qué podemos hacer para ayudarle? Orar, excelente recurso, cada día debemos llevar a nuestro esposo en oración delante del Señor. Sin embargo, puede que necesiten algo más privado de sus esposas, un espacio seguro.

Con *espacio seguro* no me refiero a un lugar físico, sino emocional. La pareja de esposos debe construir una intimidad emocional profunda, de manera que se sienta segura para expresar sus anhelos, sus dolores y también sus luchas, sean estas sexuales o de otro tipo. El que tu esposo te confiese que batalla con tentaciones sexuales no debe generar temor. Por el contrario, deberías validar su honestidad y su confianza. Puedo entender que no sea algo agradable de escuchar porque regularmente tendemos a compararnos o a sentirnos ofendidas, en lugar de valorar el hecho de que nuestro cónyuge nos está abriendo su corazón. Trata por un momento de no pensar tanto en ti, sino en él. Piensa cómo debe sentirse, cuánto tiempo lleva en esa lucha y cuánto debe estar sufriendo. Escucha su corazón, procura conectarte con sus emociones y pregunta con sinceridad cómo podrías ayudarle. Es posible que poder contar con ese espacio seguro para expresar que está experimentando tentaciones y orar juntos sea de gran ayuda para él. Además, facilitar el espacio seguro te ofrece la oportunidad de ser su amiga y su amante. Te permitirá suplir sus necesidades emocionales y sexuales de manera más eficiente.

Las esposas debemos ver las necesidades del hombre que amamos como nuestras. Somos una sola carne, nos sentiremos satisfechas en la medida en que cubramos las necesidades del otro. Esto ocurre gracias a la ley de reciprocidad (Mateo 7:12). Un hombre satisfecho estará muy interesado en velar por la satisfacción de su esposa y viceversa.

Para una mujer cristiana la idea de suplir las necesidades de su esposo debe trascender la satisfacción mutua. Las cristianas debemos ser motivadas a hacerlo como una ofrenda de obediencia a nuestro Dios, no para ganarnos su bendición, sino porque hemos sido bendecidas en Cristo. Nuestra unión con Cristo nos satisface de manera tan completa que nos sentimos impulsadas a vivir cada día para Él.

No cierres este capítulo sin validar con tu esposo lo que planteamos aquí. No lo digo porque piense que estará cien por ciento de acuerdo, sino porque creo que será una buena manera para empezar a hablar del tema. Ambos, tu esposo y tú, tienen necesidades sexuales, el hecho de que sean diferentes no significa que no puedan satisfacerse el uno al otro. Como dije antes, te invito a hablar del tema con la ropa puesta, con sinceridad y con la certeza de que Dios será complacido con un matrimonio que cuida su intimidad sexual.

CONCLUSIÓN

Dios nos unió para toda la vida con un hombre específico para que nuestro matrimonio lo reflejara a Él. Nos entrega esa encomienda a pesar de ser pecadores y, no solo eso, sino que también somos muy diferentes. Es bastante paradójico que a dos pecadores se les pida que representen algo tan santo y glorioso. Además, como somos diferentes, tenemos que admitir con humildad que no lo podemos hacer solos, por eso su presencia nos acompaña y Él nos capacita para llevar a cabo esta encomienda. Estamos muy necesitadas de la guía del Espíritu Santo para ser las mujeres sabias en cada área de nuestra vida matrimonial, incluyendo la sexual.

La vida íntima y el placer sexual en el matrimonio es un aspecto importante que debemos cuidar como buenas administradoras de los dones que el Señor nos ha concedido. A Dios le interesa que sus hijos disfruten del placer que les ha entregado al casarse. Glorificamos a Dios y profundizamos la conexión con nuestro esposo cuando disfrutamos de una intimidad sexual gratificante y relajada.

Uno de los objetivos al escribir este libro fue ayudar a que las mujeres puedan sentirse cómodas al pensar en, o aprender de, su sexualidad sin que sea necesario tocar el tema de manera vulgar o pecaminosa. Poder hablar de PURO sexo, pero que sea sexo PURO.

El mundo nos muestra una sexualidad que parece ilimitada y en realidad lo es cuando se practica de manera pecaminosa. Sin embargo, queda limitada a lo físico, es egoísta y se centra en una gratificación propia que convierte a la pareja en un mero objeto sexual. No hay nada más degradante y autolimitante que percibir el placer sexual como algo tan superficial. Por el contrario, el placer sexual diseñado por Dios tiene límites que facilitan un disfrute más profundo, más trascendente. Solo el matrimonio ofrece esas condiciones.

Toda mujer necesita una educación sexual saludable antes de su boda y una vez casada. Ninguna requiere la práctica previa, pero sí información saludable y verdadera sin que incluya elementos eróticos y mucho menos pornografía. El disfrute sexual de una pareja no es algo que se consigue fuera de lo cotidiano de la vida matrimonial, como muchos piensan. Por el contrario, el disfrute está íntimamente vinculado a la vida cotidiana, a la manera en que se relaciona la pareja todos los días. Por lo tanto, la educación para la intimidad debe observar no solo lo que ocurre en la dinámica sexual, sino también los diferentes componentes de la relación marital. Fuimos creados por Dios como seres integrales y la intimidad sexual no lo pasa por alto, sino que lo revela con claridad.

Espero que durante la lectura de este libro hayas encontrado respuestas a tus inquietudes, además de información y herramientas que ayuden a seguir creciendo en tu vida matrimonial. No me sorprendería que hayan surgido otras inquietudes que tal vez no están explicadas con detalles aquí. Te invito a que sigas informándote sobre este tema a través de libros cristianos y literatura científica seria. Me alegra pensar que esta lectura haya provocado más inquietudes, porque eso significa que te encuentras en un proceso más intencional de reflexión con respecto al tema.

Siempre he dicho que ninguna persona y, por lo tanto, ningún matrimonio, cabe en un libro. Por ahí dicen que «cada persona es un mundo», y cada persona y matrimonio tienen sus particularidades. Te animo a que continúes reflexionando sobre el tema desde tu propia realidad, a que no dejes de buscar respuestas sabias a tus inquietudes particulares. No escatimes ningún esfuerzo para seguir mejorando tu vida íntima a medida que vas viviendo cada etapa. A Dios le importa tu sexualidad, que tu esposo y tú disfruten de la intimidad sexual hasta que la muerte los separe.

> Yo soy de mi amado, y para mí es *todo* su deseo. Ven, amado mío, salgamos al campo, pasemos la noche en las aldeas. Levantémonos temprano *y vayamos* a las viñas; veamos si la vid ha brotado, *si* se han abierto *sus* flores, *y si* han florecido los granados. Allí te entregaré mi amor. (Cantares 7:10-12)

APÉNDICE I: AUTOCUIDADO FEMENINO

«Te daré gracias, porque asombrosa y maravillosa-
mente he sido hecho; maravillosas son Tus obras, y
mi alma lo sabe muy bien».

(Salmos 139:14)

El placer sexual es una herramienta valiosa que te ayuda a conectarte profundamente con tu esposo. Hemos visto cómo se involucra
todo nuestro ser en esa hermosa dinámica de placer íntimo. La intimidad sexual no es solo física, aunque se realiza con el cuerpo. Por
eso debemos cuidar y no pasar por alto la salud de nuestro cuerpo.
Dios también nos entregó un cuerpo físico para poder cumplir con
sus propósitos eternos. Diariamente estamos funcionando a través
de nuestros organismos; me maravilla pensar en el milagro de la
vida y poder reconocer que hemos sido diseñados por Dios con
tanto detalle.

Cada una de nosotras es responsable del uso y cuidado de su cuerpo. Nuestra vida espiritual es mucho más importante, pero eso no significa que tengamos el permiso para descuidar el cuerpo físico. Este podría ser descuidado porque estamos siempre en medio de tantas obligaciones que nos presionan de un lado al otro y no siempre es fácil estar pendientes de nosotras mismas. La tendencia general de las mujeres casadas es postergar el cuidado de su salud. Nos olvidamos de eso porque les damos prioridad a las necesidades de otros, tanto fuera como dentro de la familia.

Como las demás posesiones que Dios nos ha entregado, nuestro cuerpo le pertenece a Él y le daremos cuenta del cuidado que le dimos. La manera en que lo cuidamos revela algo de nuestro carácter, del valor que le damos a la imagen de Dios en nosotras y cómo la representamos dignamente en nuestras vidas. No se trata de priorizar el cuidado físico por encima de lo espiritual, ni tampoco que sigamos los extremos de la cultura contemporánea y vivamos en una adoración egoísta de nuestra salud y apariencia, mientras descuidamos servir a Dios y a los demás. Más bien se trata de un llamado a vivir una vida equilibrada. Nadie puede cuidar tu cuerpo excepto tú misma. Este no es un llamado superficial porque tú bien sabes que necesitas que tu cuerpo se encuentre en buenas condiciones para cumplir con todas tus responsabilidades diariamente.

El Señor sabe muy bien cuál es el diseño con el que nos creó. Él nos dio un cuerpo capaz de responder a las demandas de la vida, pero este no es imbatible y tiene sus limitaciones. Por eso necesitamos cuidarlo de manera intencional a través del alimento, el descanso y el ejercicio. Por ejemplo, debemos hacer muchas pausas conscientes durante el día para que nuestro cuerpo funcione bien. Me imagino que no andas contando las veces que vas al baño, bebes agua, te alimentas o te sientas a descansar. Mucho menos las veces que respiras, late tu corazón y se oxigena tu sangre. Esto se debe a que estas últimas funciones, como también la digestión y absorción de nutrientes, ocurren de manera automática por diseño divino. Dependemos de Dios naturalmente, nuestra existencia depende de su voluntad, pero también nos entregó la responsabilidad de cuidarnos y nos provee los recursos para hacerlo de forma correcta. Me gustaría ofrecerte algunas sugerencias para tomar en cuenta en este sentido:

ALIMENTACIÓN ADECUADA

Comer mucho no es siempre alimentarse bien, tampoco comer poco es siempre saludable. La alimentación adecuada para cada mujer está relacionada con su condición física y la etapa en que se encuentra. Hoy en día existe mucha información sobre nutrición y se ofrecen muchos estilos de alimentación que promueven el cuidado de la salud. Sin embargo, nuestras sociedades latinas siguen presentando problemas de salud relacionados con una dieta inadecuada, ya sea por exceso de carbohidratos simples, como los dulces y las harinas refinadas, o por déficit de nutrientes, como las proteínas y las grasas saludables.

El balance nutricional es importante para las funciones hormonales que permiten que esté regulado el ciclo menstrual. También es importante la ingesta adecuada de cada grupo nutricional con el fin de que nuestro cuerpo tenga la fuerza y energía para los retos de cada día. Los micronutrientes, es decir, las pequeñas cantidades de vitaminas y minerales requeridos por el cuerpo, no deben ser olvidados. Es importante notar que «micro» no significa poco importante, sino que la cantidad que necesitamos es menor con respecto a los «macros», como los carbohidratos, proteínas y grasas. Los micronutrientes podrían encontrarse en una dieta adecuada o, en ocasiones, es necesario añadirlos a través de suplementos médicos como tabletas o polvos para diluir.

No es mi interés abrumarte con tanta información, pero sí animarte a cuidar los alimentos que consumes para que lo hagas con prudencia y consciencia. Además, te propongo que hagas una cita con tu médico y le pidas una evaluación de tu condición física para ver si necesitas hacer algunos ajustes en tu alimentación o simplemente valides que estás haciendo las cosas bien.

Si necesitas hacer algún cambio significativo para mejorar tu salud en términos nutricionales, no lo postergues, no esperes la próxima semana o un tiempo más calmado en tu vida. Empieza ahora mismo, a partir de la próxima comida. Entrena tu mente para pensar en lo que estás a punto de meter a tu boca, no ingieras alimentos sin pensarlo o sin «estar presente», como si se tratara de algo automático sobre lo que no tienes control o voluntad.

No permitas que el estrés, la ansiedad o la prisa controlen tus decisiones alimentarias. Respira profundo cuando te sientas a la mesa, da gracias a Dios por su provisión y come despacio, disfrutando tus alimentos. Esa es una de las claves más importantes para disfrutar la comida. Cuidar tu alimentación no tiene que ser un tema pesado ni aburrido. Por el contrario, puedes volverlo placentero si mantienes la actitud adecuada y reconoces sus beneficios desde el momento de la preparación de los alimentos hasta que vemos los resultados positivos en nuestra salud física.

EJERCICIO FÍSICO

Creo que existen dos grupos de mujeres con respecto a este tema. Están a las que les encanta hacer ejercicio y las que no lo disfrutan en absoluto. No sé a qué grupo perteneces, pero la verdad es que nuestros cuerpos no fueron creados para estar inertes, sentados en un sofá e inactivos. ¡Necesitamos movernos! Más allá de lucir bien, el ejercicio físico es vital para el buen funcionamiento de nuestro cuerpo. El sistema nervioso central, el cardiovascular, el endocrino (hormonas), y por supuesto, el musculoesquelético, entre otros, se benefician de la actividad física.

No estoy hablando de que te conviertas en una atleta profesional. No es necesario que ocupes mucho tiempo de tu día en hacer ejercicio. Pero sí es importante que busques la manera de establecerlo como parte de tu rutina semanal. Empieza con dos o tres días a la semana y, de ser posible, a la misma hora. Además, no necesitas invertir mucho dinero porque no tienes que pagar por equipos de gimnasia costosos, membresías de gimnasios o entrenadores particulares. Estoy segura de que en internet podrás encontrar muchas alternativas de rutinas de ejercicios que serán útiles para ti y son gratis.

Lo más sencillo y beneficioso es que salgas a caminar cerca de tu casa o en un parque. Pero no se trata de un paseo simple, sino de que camines con algo de intensidad y trotes o corras si puedes hacerlo. Invita a tu esposo e hijos a hacer ejercicios juntos, te aseguro que sentirás mucho bienestar desde el primer día, y dormirás mejor esa noche y las siguientes si mantienes el hábito.

HIGIENE PERSONAL

No es mi intención ofenderte al mencionar algo tan básico como la higiene. No dudo que todas nosotras cuidamos de nuestra higiene personal. Sin embargo, quisiera añadir algunos detalles que con seguridad te ayudarán a mejorar aun este aspecto tan íntimo de nuestras vidas.

Se supone que todas nos bañamos a diario, pero puedo asegurar que muchas de nosotras casi nunca lo hacemos con calma. Esto es tan común, que me he visto en la necesidad de recomendarles a mis pacientes que se «bañen despacio». Es increíble cómo esta vida tan acelerada nos quita la oportunidad de disfrutar de un espacio de relajación. No se trata de que todos los días llenes la tina con agua tibia, le eches sales y flores y te sumerjas por horas. Aunque la verdad, sería bueno que lo hicieras de vez en cuando. Me refiero más bien a que «estés presente» mientras te bañas y no lo hagas siempre corriendo porque tienes mucho por hacer. Te recuerdo que el lavado de tus genitales debe realizarse con jabones no irritantes. Tu ginecólogo puede informarte sobre esos productos en tu país. También te recomiendo que te recortes el vello púbico, te seques de forma apropiada y que uses ropa interior preferiblemente de algodón, que no te quede muy ajustada.

Tu cuidado personal debe ir acompañado de otros detalles, como el uso de desodorantes, cremas corporales y, si te gusta, hasta perfumes. Un correcto cepillado de los dientes es muy importante, y demás está hablar del cuidado del cabello y de un correcto cepillado. Vestirnos de forma apropiada y cómoda le da fin a este proceso de atención y cuidado personal habitual. Parece una larga rutina, pero en realidad se puede hacer en poco tiempo; aunque te insisto en que procures hacerlo con calma.

Puedo entender que a veces tengamos que bañarnos rápido por diversas razones, pero mi consejo es que, siempre que podamos, seamos conscientes en dedicar tiempo de calidad a la higiene y el cuidado personal.

DESCANSO

El cansancio suele recordarnos con frecuencia lo limitado de nuestros cuerpos. No podemos estar despiertas días y días trabajando sin descansar. Sin embargo, esa es la realidad para casi todas las madres con bebés recién nacidos que estén leyendo esto ahora. Muchas duermen muy poco durante esos primeros meses y, sin lugar a duda, sienten el efecto en sus cuerpos. Entiendo que Dios las sostiene en ese tiempo, pero igual necesitan descansar de alguna manera. Si estás en esa etapa, te recomiendo acostarte cuando el bebé duerma, aun si no duermes es bueno para tu cuerpo que subas los pies y descanses la espalda con los ojos cerrados. Te aseguro que podrás notar la diferencia.

El descanso, al igual que el ejercicio es vital para el buen funcionamiento de nuestros cuerpos. Necesitamos ocuparnos en nuestras rutinas diarias para tener un sueño reparador en la noche. Esto lo digo porque dormir durante el día no nos aporta el mismo beneficio que se produce durante la noche. No en vano decían nuestros ancestros que se debe trabajar de «sol a sol». Dios diseñó nuestro cerebro para que reaccione a la luz. Mientras haya luz blanca, brillante, nuestro cerebro entiende que es de día y hay que estar despiertos; por otro lado, nuestro cuerpo libera unos neurotransmisores cuando oscurece que nos producen el sueño. Es evidente que la dinámica del sueño es mucho más compleja, hay muchos otros factores que no puedo mencionar en este momento, pero mi intención es que veamos cómo Dios nos creó de manera integral y consideró de forma clara y sabia no solo nuestra ocupación, sino también nuestro descanso. Necesitamos descansar y nuestro sistema nervioso está equipado para facilitarnos el proceso si es que no alteramos la dinámica con estilos de vida poco saludables.

Una mujer adulta necesita dormir alrededor de ocho horas cada noche. Para conseguirlo debemos cuidar la rutina del día. Algunas sugerencias útiles:

1. Hacer ejercicio físico.
2. Cenar temprano, por lo menos dos horas antes de ir a dormir.
3. No exponerte a pantallas por lo menos dos horas antes de dormir. Esto incluye celular, computadoras, televisión, etc. Cargar los equipos electrónicos fuera de la habitación o lejos de tu cama.
4. Disminuir la intensidad de las luces y los sonidos. Algunas mujeres reportan que poner música suave o instrumental, con un volumen bajo, les resulta relajante.
5. Bañarse despacio, con agua tibia.
6. Mantener la hora de dormir, aunque no tengas sueño, debes ir a la cama.
7. Si no sobreviene el sueño, leer un libro impreso o en un dispositivo que no emita luz azul, como el dispositivo *Kindle Paperwhite*. Mantén solo la luz de la mesa de noche mientras lees. El contenido del libro debe ser agradable, inspiracional, no académico ni estresante. Por supuesto, la mejor opción es la Biblia. Luego de leer, apaga la luz y ora. Esa es una manera maravillosa de iniciar el sueño.

Aunque el sueño es importante, el descanso no solo se consigue durmiendo. Sabemos que el verdadero reposo lo encontramos en Dios, cuando mantenemos una relación cercana con Él. Mientras más lo conocemos y mantenemos comunión con Él diariamente, las demandas de la cotidianidad serán menos pesadas. Hemos aprendido que no se trata de ser una supermujer que pretende cumplir a la perfección con las demandas de todo el mundo y sin detenernos siquiera para tomar agua. Por el contrario, debemos ser capaces de hacer frente a la vida con el discernimiento necesario para poder decir «no» cuando sea necesario, pausar o simplemente ir más despacio.

No deberíamos llegar a la noche siempre exhaustas, con sentimientos de culpa porque quedaron muchos pendientes. Esto podría estar pasando debido a que nuestra agenda está sobrecargada y no coincide con la de Dios. Él sabe muy bien que somos limitadas, y no creo que planifique demandas diarias que vayan más allá de lo que somos capaces de realizar. El problema podría ser nuestro orgullo al no saber poner límites sanos que reflejen con humildad que nuestra capacidad no es infinita.

Durante el día planifica pausas en tus actividades para recargar tus energías. Levántate buscando al Señor. Ora, lee la Biblia con calma y preséntate delante de Dios. Haz una pausa cada vez que te alimentes, agradece a tu Padre con tu corazón, respira y come despacio. Siéntate un rato con tu esposo para comentar el día antes de dormir, oren juntos. Entrénate espiritualmente para percibir a Dios obrando en medio de tus ocupaciones, reconócelo y dale gracias. Siempre ocurrirán imprevistos en nuestras vidas, pero nada de eso sorprende a nuestro Señor. Por eso recurre a Él en todo momento. En fin, el secreto para el descanso es tener una mente conectada con Dios, que nos entrega una perspectiva correcta de la vida.

SOCIALIZACIÓN

Para las mujeres, compartir con otras de manera distendida es muy reconfortante. Cultivar relaciones interpersonales en diferentes grados de intimidad emocional es una necesidad. Dios diseñó a la mujer con la habilidad de relacionarse, de conectar con otros. Además, verbalizar las ideas nos ayuda a organizarlas y esto, a su vez, nos relaja. Por eso no es una pérdida de tiempo planificar con frecuencia reuniones para conversar un rato con tus amigas. No se trata de fomentar un espacio para la crítica de los esposos ni hablar trivialidades, sino para poder hacer un poco de autorreflexión, poniéndonos al día y contándonos nuestras luchas y anhelos. Imagina reunirte con una amiga para hablar de sus luchas espirituales y orar juntas, para compartir los logros personales o familiares de una y otra, o simplemente para escucharse y pasar un tiempo distendido.

La amistad es un regalo muy valioso que debe ser cultivado con intencionalidad. A medida que pasan los años, se van acercando a nuestras vidas otras mujeres para hacernos compañía mientras transitamos el camino a la eternidad. No tienen que ser muchas porque sería inmanejable; lo importante es que se puedan mantener en el tiempo. Dedicar tiempo a socializar es necesario, así que no descuides a tus amigas, mantente conectada con ellas, exprésales lo importante que son para ti, ámalas, ora por ellas y dedícales tiempo de manera frecuente y presencial. Será beneficioso para ti y para ellas.

CHEQUEOS MÉDICOS

Estaría incompleta mi reflexión acerca del cuidado de nuestros cuerpos si no mencionara la asistencia médica. Todos los seres humanos, incluidas las mujeres, requieren chequeos médicos periódicos. Muchas mujeres los postergan, pero están muy pendientes de los de los demás, ya sea de sus hijos, esposo o sus padres. Esa preocupación por los tuyos es correcta, pero recuerda que eres responsable de tu cuerpo y nadie podrá ir al médico por ti.

Cada mujer debe visitar su ginecólogo al menos una vez al año. Es posible que tengas que ver a otros especialistas dependiendo de tu condición de salud y de la etapa que estés viviendo. Te recomiendo que lo agendes cerca de tu fecha de cumpleaños, no solo para que lo recuerdes, sino para que lo planifiques como un regalo de salud que te das a ti misma asistiendo a tus chequeos y realizando los estudios y análisis que los médicos te indiquen. A veces no asistimos a nuestros controles periódicos por miedo a las malas noticias. Sin embargo, no temas, no hay nada que escape al control de Dios dentro o fuera de tu cuerpo. Cada situación que nos ocurre es parte de su plan y obra según sus propósitos.

Un autocuidado físico saludable requiere que mires tu organismo como un regalo de Dios. Él te creó y cada detalle tiene un propósito que apunta a la eternidad. Debes conocer y aceptar tu cuerpo físico entendiendo que, aunque refleja la maravillosa obra de nuestro Creador, también te recuerda que vivimos en un mundo caído. El pecado alteró las funciones de nuestro organismo y pretender llegar a tener uno perfecto es un objetivo inalcanzable. Tu cuerpo expresa la maravillosa complejidad y diversidad de la creación, eres única y Dios se alegra de que seas como eres, diferente y especial a la vez.

Cuida tu cuerpo como una demostración de tu gratitud para con Dios. Conoce y acepta tus peculiaridades, tanto físicas como emocionales, maravíllate de su diseño y conecta con tu cuerpo, con tu persona. Cuida tu cuerpo, pero no lo adores. No caigas en la tendencia de muchas mujeres de poner la apariencia física en el primer lugar. Este cuerpo, por muy maravilloso que sea, es temporal. Debemos cuidarlo, pero sin desenfocarnos de lo importante, la vida espiritual que debe crecer en su interior.

APÉNDICE II: MUJER ABUSADA

PENSANDO EN TI QUE
HAS SIDO ABUSADA

Mientras escribo este libro sobre la sexualidad femenina, me resulta inevitable pensar en las mujeres que han sido abusadas sexualmente. Cada vez que explico en el mismo cómo encontrar maneras para disfrutar el placer sexual que Dios ha regalado a los esposos, mi corazón me recuerda con dolor todas las veces que he escuchado historias de mujeres abusadas. Puedo imaginar lo difícil que es para ti cumplir algunos estándares requeridos en la dinámica íntima con tu esposo. Entiendo que no se trata, necesariamente, de falta de amor, sino que puede ser posible que tu presente esté limitado por heridas no sanadas del pasado.

Previo a la realización de este libro, hicimos una encuesta a más de 1500 mujeres en Latinoamérica. El 47,18 % de ellas reportó que sufrió algún tipo de abuso sexual. Las estadísticas, por muy veraces y dramáticas que sean, no llegan a reflejar cuán dolorosa es esa realidad. No todos los abusos sexuales son iguales porque hay múltiples elementos que modifican ese tipo de experiencia. El nivel del daño tampoco es igual en todas las mujeres, aunque siempre será doloroso y desagradable.

Es importante que clarifique qué se entiende por abuso sexual. Se considera así cualquier tipo de actividad o contacto sexual, incluida la violación, que se produce sin el consentimiento personal. El abuso sexual puede incluir actividades sin contacto, como el exhibicionismo (cuando alguien te muestra sus partes íntimas) o forzarte a mirar imágenes con contenido sexual.[1]

No voy a tratar el tema del abuso de manera amplia porque no es el propósito de este libro. Sin embargo, es mi intención puntualizar algunas ideas sobre el tema, entendiendo que podría ser abrumador leer este libro para alguna mujer que ha sufrido abuso en algún momento de su vida o lo está sufriendo en la actualidad.

Si eres víctima de abuso sexual, lo primero que quiero decirte es que a Dios sí le importa tu dolor. Él está airado por el pecado cometido contra sus hijas; está dispuesto a sanarte y tornar tus heridas en cicatrices que no sangren y que puedan dar gloria a su nombre. Que ninguna experiencia, por más dolorosa que sea, te haga dudar de su amor ni olvidar que Él es justo, por lo que sabrá juzgar y castigar ese daño horripilante.

No puedes echarte la culpa por lo sucedido. No eres responsable, sin importar si ocurrió una sola vez o varias veces. El abuso es realizado por alguien que hace uso de su poder para sobrepasar límites sin consentimiento. Suele realizarse por la fuerza, pero muchas veces opera de manera sutil, manipulando o intimidando a la víctima. No eres culpable pese a la edad que hayas tenido, y aunque sintieras que algo no estaba bien y no te atrevías a decírselo a nadie. Una o más personas pecaron contra ti, fue doloroso, no eres culpable y no te sirve de nada insistir en buscar tu culpa.

El tiempo **no** cura las heridas, a menos que hagamos algo al respecto. No importa el que haya transcurrido, si no has sanado todavía, entonces significa que necesitas ayuda. Se requiere tiempo para sanar, pero las cosas pueden complicarse si solo lo usas para ocultar tu herida.

Perdonar es parte de la sanidad, pero eso no implica que tengas contacto con el abusador. No es sano que te impongas seguir relacionándote con la persona que te hirió. En estos casos, la distancia emocional es saludable.

El abuso sexual puede traer como consecuencia disfunciones sexuales. Estas experiencias traumáticas pueden bloquear la respuesta sexual de la mujer abusada. Puedes estar batallando con recuerdos súbitos de lo ocurrido que te paralizan o debilitan, percepción de suciedad, temor a la penetración, predisposición negativa para con los hombres, entre otras cosas.

No te engañes pensando que te sentirás mejor si buscas ocultártelo a ti misma con actividades o pensamientos positivos. Debes aceptar lo ocurrido por más que lo quieras bloquear, si es que la experiencia todavía te causa un efecto negativo de tipo emocional o sexual. Es muy posible que necesites hablar de eso con alguien que te pueda escuchar sin juzgarte y con amor. Si experimentaste el abuso antes de casarte, quisiera proponerte que la persona elegida para abrir tu corazón con respecto a ese tema tan doloroso sea tu esposo. Dios puede usar esa conversación para profundizar el vínculo emocional entre ustedes.

También puedes empezar hablando con alguna consejera o mentora de experiencia que maneje el tema con absoluta confidencialidad. Necesitarás alguien que te acompañe en el proceso. Además, es posible que requieras la ayuda de un terapeuta sexual para manejar no solo el abuso, sino también las consecuencias en tu desempeño sexual. Debes escoger con cuidado a la persona con la que hablarás, pero que esa selección no te tome mucho tiempo. También es importante evaluar si es necesario recurrir a las autoridades policiales y judiciales, si es que la situación lo amerita. Ora y no olvides que a Dios no solo le importa tu sexualidad, sino también tu sanidad integral.

Por último, querida mujer, quiero que sepas que estaré orando por ti. No te conozco ni tengo detalles de tu vida, pero Dios sí te conoce perfectamente (Salmos 139). Cuando envió a su Hijo Jesucristo a morir en nuestro lugar sin merecerlo, nos demostró que era un Dios compasivo y cercano que nos conoce perfectamente. Oraré para que encuentres consuelo y sanidad en sus brazos. Oraré para que te guíe en un proceso de sanidad integral. Estoy convencida de que quiere que vivas plenamente.

«El ladrón solo viene para robar, matar y destruir. Yo he venido para que tengan vida, y para que *la* tengan *en* abundancia». (Juan 10:10)

NOTAS

CAPÍTULO 1. COSMOVISIÓN BÍBLICA DE LA SEXUALIDAD FEMENINA

1. «Sexualidad», *Diccionario de la Lengua Española*, https://dle.rae.es/sexualidad.
2. Ver Wikipedia: https://es.wikipedia.org/wiki/Sexualidad.
3. Miguel Núñez y Cathy Scheraldi, *Revolución Sexual* (Nashville: B&Publishing Group, 2018), pp. 162-163, 167.
4. Ver Wikipedia: https://es.wikipedia.org/wiki/Sinergia.
5. Núñez y Scheraldi, p. 23.

CAPÍTULO 2. EDUCACIÓN SEXUAL PREMATRIMONIAL

1. Helen Singer Kaplan, *La nueva terapia sexual* (Madrid: Alianza Editorial, S. A., 1994), pp. 27-30.
2. Robert Crooks y Karla Baur, *Nuestra Sexualidad* (México, D. F.: International Thomson Editores, S. A., 2000), pp. 161, 165, 169.

CAPÍTULO 3. RESPUESTA SEXUAL FEMENINA

1. Felipe Hurtado, Celia Ciscar y Mercedes Rubio, «El conflicto de pareja como variable asociada a la violencia de género contra la mujer»,

Revista de Psicopatología y Psicología Clínica, 9, no. 1 (2004), p. 60. Artículo disponible en http://revistas.uned.es/index.php/RPPC/article/view/3967/3821.

CAPÍTULO 4. LA CONEXIÓN EMOCIONAL Y SU IMPORTANCIA EN LA DINÁMICA SEXUAL

1. John Gottman y Nan Silver, *Siete reglas de oro para vivir en pareja* (Barcelona: Penguin Random House Grupo Editorial, 2000), pp. 42-58.

CAPÍTULO 5. LA COMUNICACIÓN Y SU IMPORTANCIA EN LA DINÁMICA SEXUAL

1. «Intimar», *Breve diccionario etimológico de la lengua española* (México: Fondo de Cultura Económica, 2006).

2. John Gottman y Nan Silver, *Siete reglas de oro para vivir en pareja* (Barcelona: Penguin Random House Grupo Editorial, 2000), pp. 32.

3. Comentario virtual, Enduring word, https://es.enduringword.com/comentario-biblico/cantar-de-los-cantares-7/.

CAPÍTULO 6. RESPUESTA SEXUAL FEMENINA EN LAS DIFERENTES ETAPAS DE LA VIDA

1. Lara J. Burrows, Maureen Basha y Andrew T. Goldstein, «The Effects of Hormonal Contraceptives on Female Sexuality: A Review», *The Journal of Sexual Medicine*, 9, no. 9 (1 septiembre 2012), pp. 2213-23, https://www.jsm.jsexmed.org/article/S1743-6095(15)34100-X/pdf.

2. Ibíd.

3. Maurizio Serati, Stefano Salvatore, Gabriele Siesto et al., «Female Sexual Function during Pregnancy and after Childbirth», *The Journal of Sexual Medicine*, 7, no. 8 (1 agosto 2010), pp. 2782-90, https://www.jsm.jsexmed.org/article/S1743-6095(15)33151-9/fulltext.

4. Dafna M. Sagiv-Reiss, Gurit E. Birnbaum y Marilyn P. Safir, «Changes in Sexual Experiences and Relationship Quality During Pregnancy», *Archives of Sexual Behavior,* 41 (2012), pp. 1241-51, https://link.springer.com/article/10.1007/s10508-011-9839-9.

5. Viola Polomeno, «Sex and Breastfeeding: An Educational Perspective», *The Journal of Perinatal Education,* 8, no. 1 (1999), pp. 30-40, https://www.ncbi.nlm.nih.gov/pmc/articles/PMC3431754/.

CAPÍTULO 7. LÍMITES BÍBLICOS EN LA DINÁMICA SEXUAL

1. Henry Cloud y John Towsend, *Límites* (Miami: Editorial Vida, 2000), p. 34.

2. «Pornografía», *Diccionario de la Lengua Española*, https://dle.rae.es/pornografía.

3. Miguel Núñez y Cathy Scheraldi, *Revolución sexual. Una perspectiva bíblica y un análisis médico,* (Nashville: B&Publishing Group, 2018), p. 153.

CAPÍTULO 8. NECESIDADES SEXUALES MASCULINAS

1. Emerson Eggerichs, *Amor y respeto* (Nashville: Grupo Nelson, 2010), pp. 186-192.

2. «Study Debunks Stereotype That Men Think About Sex All Day Long», OSU, 27 noviembre 2011.

3. Emerson Eggerichs, *Amor y respeto* (Nashville: Grupo Nelson, 2010), pp. 230.

4. Ibíd., p. 230.

APÉNDICE II. MUJER ABUSADA

5. Ver https://espanol.womenshealth.gov/relationships-and-safety/sexual-assault-and-rape/sexual-assault#references.

ACERCA DE LA AUTORA

CORNELIA HERNÁNDEZ DE MATOS es médico, terapeuta familiar, sexual y de parejas. Sirve como consejera bíblica en la Iglesia Bautista Internacional en Santo Domingo, República Dominicana. Forma parte del equipo coordinador del Ministerio de Mujeres EZER de dicha iglesia, y disfruta escuchar a otras mujeres y ver la obra de Dios en ellas. Durante su carrera profesional y ministerial, la Dra. Hernández ha ayudado a cientos de mujeres a encontrar plenitud en la intimidad sexual dentro de su matrimonio. Cornelia está felizmente casada con Ezequiel Matos por más de 25 años.

Coalición por el Evangelio es un grupo de pastores, iglesias, y líderes comprometidos con la centralidad del evangelio para toda la vida y el ministerio. Logramos este propósito mediante diversas iniciativas, incluyendo nuestra página web, eventos, y publicaciones. Además, hemos unido esfuerzos con diferentes casas editoriales para producir recursos que enfocan nuestra fe en Jesucristo, y moldean nuestras prácticas conforme a las Escrituras.

Cuando un libro lleva el logotipo de Coalición por el Evangelio, usted puede confiar que fue escrito, editado, y publicado con el firme propósito de exaltar la verdad de Dios y el mensaje del evangelio.

TGC COALICIÓN POR EL **EVANGELIO**

www.coalicionporelevangelio.org